나라를 옮겨 다니며 일합니다

나라를 옮겨 다니며 일합니다

해외 주재원 생생 라이프

김기상 지음

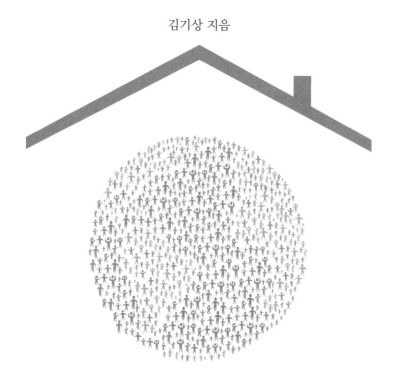

W미디어

머리말

"내 인생의 절반을 해외에서 산 셈이네요."

이제 만 15살이 된 둘째딸이 얼마 전에 한 말이다. 15년 밖에 안 되는 자신의 삶을 거창한 역사라도 되는 양 '회고'하는 딸의 말투에 살짝 웃음이 나왔다. 하지만 아빠 따라 이 나라 저 나라를 옮겨 다니며 적응해가는 삶을 10년도 넘게 잘 버텨준 두 아이에게 고맙다는 생각이 동시에 머리를 스쳤다.

그렇다. 필자의 가족은 '뿌리째 뽑혔다가 다시 심겨지는 나무'와 같은 삶을 살고 있는 해외 주재원 가족이다. 한국에서 태어난 두 딸은 아내를 포함한 온 가족이 필자의 미국 연수에 동행하는 바람에 유아기를 미국에서 보냈고, 다시 한국에서 초등학교에 입학해 막 적응을 마치자마자 프랑스 파리로 건너가 3년을 살아야 했다. 그 후 한국으로 돌아온 지 3년만인 2020년에 인도로 일터가 바뀐 필자를 따라 뉴델리로 옮겨와 현재 2년째 거주중이다.

거의 몇 년을 주기로 학교와 친구는 물론 살고 있는 나라까지 송두리째 바뀌는 생활이 계속되고 있으니 두 아이에게는 학교를 옮기는 것이 단순한 전학이 아니라 해외이주인 셈이며 그때마다 낯선 언어와 문화, 새로운 환경에 새롭게 적응해야 하는 엄청난 도전이었다.

이런 삶은 아이들뿐만 아니라 아내에게도 마찬가지이다. 남편을 따라 낯선 나라에 가서 새로운 환경에 적응해야 하는 것은 기본이고, 맞벌이 부부라면 남편의 해외 근무에 동행하기 위해 휴직이나 퇴직은 물론 커리어가 단절되는 것까지 각오해야 한다. 필자의 아내 역시 3년간의 파리 생활을 마치고 복직하면서 입사 후배가 팀장을 맡은 팀에 팀원으로 배치되었다. 아무리 필자의 해외 근무가 회사와의 협의 그리고 가족들의 동의 하에 이루어지는 것이라 하더라도 이쯤 되면 가족들의 희생 덕에 해외 근무가 가능하다 해도 지나치지 않을 정도이다.

회사생활을 하면서 해외 주재원으로 선정되어 한국을 떠날 때 설렘과 기대도 크지만, 한편으로는 걱정이 많을 수밖에 없다. 사실 해외 주재원과 가족의 삶의 질을 좌우하는 요인들은 차고도 넘친다. 주재국의 전반적인 경제 수준은 물론 언어소통 여부, 주거환경, 의료시설, 치안 수준 등등… 며칠 지내다 돌아올 여행지가 아니라 근무지이자 생활의 터전이 되어야 할 곳이니 챙기고 점검해야 할 일이 한두 가지가 아니다.

그 중에서도 가장 걱정스러운 것은 단연코 자녀 교육과 관련된 문제들이 아닐까? 현지 학교에 잘 적응할지, 영어에는 익숙해질지, 학업은 잘 따라갈 수 있을지, 그리고 무엇보다 주재 기간이 끝나 귀국한 후 재적응은 잘 할 수 있을지 걱정이 앞선다.

우리나라 학부모들은 해외 주재원으로 파견되면 자녀를 대부분 미국계 또는 영국계 학교에 입학시킨다. 영어를 사용하는 국가이건, 그렇지 않은 국가이건 상관없이 말이다. 자녀의 나이가 대학 입시와 맞물려 있거나 외국어를 배우는데 부담감을 느낀다면 당연히 그래야 할 것이다. 배워야 할 외국어의 숫자를 최소화하고 남는 에너지를 대학 입시에 집중해야 할 테니말이다. 하지만 자녀의 나이가 좀 어리다면, 그리고 자녀들이 외국어를 배우는데 큰 스트레스를 받지 않는다면 또 다른 '제3의 길'이 있지는 않을까?

이 책의 전반부에는 필자의 두 딸이 유아기로부터 청소년으로 성장하는 동안 미국과 프랑스에 이어 한국을 거쳐 지금의 인도에 이르기까지 10여 년의 학교 교육 경험과 일상생활이 담겨 있다. 필자의 경우 3년간 프랑스에 거주하면서 대부분의 주재원들과는 다르게 '이중언어학교'에 아이들을 진학시켰다. 집에서는 부모와 함께 한국어를 배우고, 학교에서는 프랑스어로 수업을 하고, 수업시간 이외의 학교생활은 영어로 진행되는 하루하루가 힘들고 고되기는 했지만 아이들은 묵묵하게 견디며 잘 버텨주었다. 한국에 귀국한 후에도 프랑스어로 수업이 진행되는 외국인학교에 아이들을 보냈다. 그 결과 두 아이들은 이제 한국어, 영어, 프랑스어의 3개 언어를 편안하게 구사할 수 있게 되었다.

여기까지 읽고 나서 '자기 딸 자랑하는 책 아니야?'라고 지레짐작하신 독자분이 계시다면 절대 그렇지 않다고 말씀드리고 싶다. 오히려 이 책에는 지금까지 우리 가족이 겪은 크고 작은 고민과 걱정, 좌절과 시행착오가 빼곡하게 담겨 있다. 객관식이라고는 찾기 어려운 토론식 수업과 수천 단어에 달하는 에세이를 매 학기마다 써야 하는 국제학교에 적응해가는 아이들의 눈물겨운 노력의 과정도 담겨 있고, 많이 읽고, 많이 쓰고, 많이 생각하게 하는 열린 교육방식을 경험하며 아이들이 겪은 소중한 성취의 과정도 진솔하게 기록되어 있다. 자녀 교육을 고민하는 (예비) 해외 주재원은 물론 주입식 교육에 대한 대안에 목말라하는 독자들에게도 조금이나마 도움이 되기를 희망한다.

이 책의 나머지 절반은 해외 주재원의 일상생활에 초점을 맞추었다. 조심스럽지만 일관되게 주장하고자 하는 바는 현지 사회에 좀 더 융화되고, 현지인들과 현지에 파견된 다른 외국인들과 더 많이 어울려보자는 것이다. 한국인들에게 둘러싸여 한국의 생활방식대로 살아가는 것이 주는 안정감은 물론 매우 크지만, 그 울타리를 조금만 벗어난다면 또 다른 세계를 맛볼 수 있기 때문이다. 힘들더라도 현지 언어를 습득하기 위해 노력하고, 한국인 거주지역이 아니라 현지인 또는 다른 나라 주재원들이 사는 곳에 거주하면서 그들과 어울리려고 노력한다면 기대하지도 않았던 다양한 경험을 누릴 수 있다고 확신한다.

필자와 비슷하게 '나라를 옮겨 다니며 일하는' 우리나라 해외 주재원과 그 가족의 숫자가 적지 않다. 2021년 6월 말 현재 우리나라 기업들의 해외 현지법인은 8만4천여 개이며, 해외에 주재하는 직원 수만 50만 명에 달한다고 한다. 이 중에서 소위 대기업이 보유한 현지법인 수는 5%에 불과하다고 하니, 이제 우리나라도 업종이나 기업 규모에 상관없이 누구라도, 어느 나라에나 주재원으로 파견될 가능성이 열려 있는 그런 산업구조가 된 것이다.

해외 주재원의 실제 생활상이 궁금하신 독자들, 해외 주재원에 도전해보고자 하는 예비 해외 주재원분들, 그리고 해외 주재원 파견을 눈앞에 두신 분들, 특히나 해외 생활에 부담감을 느끼는 배우자나 자녀와 함께 해외에 나가야 하는 분들에게 이 책을 꼭 읽어보라고 권해드리고자 한다.

이 책의 마지막 장을 덮은 독자분들이 다양한 문화와 경험에 대한 두려움 없이 새로운 사회에 딱 한 발짝만 더 디뎌보겠다고 마음을 먹는다면 책을 쓴 필자로서는 더할 나위 없이 감사할 것 같다. 그렇게 더 넓은 세상에서, 다양한 국적과 생각을 가진 사람들과 어울려 생활한 후 돌아올 때쯤이면 몇 년 사이에 훌쩍 자란 아이들의 키만큼이나 가족 모두의 생각과 가치관이 성장한 것을 느낄 수 있을 것이라 감히 말씀드릴 수 있다.

　잠시 다른 나라에 터를 잡아 살다가 돌아오는 삶, 정착해서 살지만 주인이 아닌 손님으로서의 삶, 이방인의 언어가 24시간 나를 감싸는 삶, 그리고 새로운 문화와 경험이 나와 내 자녀를 매일매일 성장시켜주는 삶… 그 삶을 향해 첫발을 내딛는 모든 분들께 힘찬 박수를 보내드린다.

김기상

여행이 아니라 일하러 왔어요 … 해외 주재원 회사생활

아이는 둘, 언어는 셋, 나라는 넷 …

해외 주재원 자녀의 학교생활

새로운 곳이 주는 설렘과 막연한 불안감이 뒤섞인 삶,
주인이 아닌 손님으로서의 삶, 정착해서 살고 있으나
그곳에 속하지는 않은 삶, 이방인의 언어가 24시간
나를 감싸는 삶, 그리고 '남아 있는 사람'이 아닌 '왔다가
떠나는 사람'의 삶… 우리 아이들은 몇 년마다 나라를
옮기는 자신들의 생활을 '뿌리째 뽑혀서 새로 심겨지는
나무 같은 기분'이라고 말하곤 했다.

그건 그 아이 엄마가
── 잘못한 거야

2011년 봄

두발자전거를 혼자 탈 수 있게 되어서 기분이 한껏 좋아진 첫째 딸 호비와 함께 집 앞 초등학교 운동장에서 몇 시간을 뛰어놀았던 어느 토요일 오후. 집에 돌아가려고 아파트 엘리베이터에 오른 건 거의 저녁 식사시간이 다 되어서였다.

엘리베이터 문이 닫히려는데 호비와 비슷한 또래의 한 남자아이가 엘리베이터에 들어섰다. 책가방도 모자라 실내화 가방처럼 생긴 가방 하나를 더 들고 있는 아이는 초등학생이라고는 믿기지 않을 정도로 피곤에 찌든 얼굴이었다.

자세히 보니 실내화 가방이 아니었다. 가방에 적혀 있는 'XX 웅변학원'이라는 이름… 아이는 보습학원에 다녀오는 길이었던 것이다. 지금은 어떤지 모르겠으나 당시에만 해도 웅변학원이나 스피치학원을 가장한 보습학원이 성업하던 시절이었다.

먼지를 뽀얗게 뒤집어쓰며 '주말 오후를 낭비한' 우리 아이와 주말에도 학원을 다니며 우리 아이보다 '또 한걸음 앞서 나간'

남의 집 아이가 내 눈앞에 나란히 서 있었다. 엘리베이터가 10 층에 멈출 때까지의 그 짧은 시간 동안 머릿속으로 많은 생각 이 스쳐갔다.

아내와 나는, 호비가 초등학교에 입학하기 전부터 선행과외 는 시키지 않겠다고 결심했었다. 거창한 교육적 철학이나 큰 고민 끝에 내린 결론은 아니었다. 다만 아이들은 그저 학교와 놀이터에서 신나게 뛰어놀고, 저녁 먹으면 일찍 불 끄고 자게 해주는 것이 최고의 양육이라고 생각했기 때문이다.

하지만 맞벌이를 하는 나와 아내가 퇴근할 때까지 아이들이 시간을 보낼 수 있는 곳은 필요했다. 어쩔 수 없이 방과후 수업 이나 피아노 학원에는 보내야 했지만, 선행학습을 목적으로 하 는 학원에는 단 하루도 아이들을 보내지 않는 대한민국에서 몇 안 되는 '이상한 부모'가 되었다.

하지만 가끔 아니 아주 솔직히 말하면 매주, 매일, 매시간 너무나도 불안했다. '우리 아이만 바보 온달이 되어가는 건 아닌가? 남들 다 하는 사교육인데… 내가 무슨 우리나라 교육을 구원할 역사적 사명을 가지고 태어난 것도 아닌데… 그냥 학원 보내야 하는 거 아닌가?'

이런 불안감과 싸우지 않은 날이 단 하루도 없었다.

너무나도 친절했던 경기도 교육청

지금은 어떤지 모르겠지만, 당시 우리가 살던 경기도의 교육청은 초등학생들의 과도한 교육열을 방지한다는 취지 아래 성적표에 학생들의 석차는 표시하지 않고 있었다.

첫 학기가 끝나고 호비가 받아온 성적표에는 각 과목별로 90점에서 100점 사이에 속한 아이들, 80점에서 90점 사이에 속한 아이들이 각각 몇 명인지 친절하게 막대그래프로 그려져 있었다.

70점에서 80점 구간에 있는 막대그래프가 유독 짧았는데 거기에 웬 큰 점이 하나 찍혀 있었다. 자세히 보니 그 과목만이 아니었다. 모든 과목에서 최하위 구간을 나타내는 유독 짧은 막대에 떠억 하니 큰 점이 하나씩 찍혀 있었다. 상황이 금방 이해되었다. 그 모든 큰 점들은 우리 호비의 점수였다.

다른 학생들은 모두 90점에서 100점 또는 80점에서 90점 구간에 속하고, 우리 아이만 모든 과목에서 최하위 구간에 꾸준히 속한다면 누가 봐도 뻔한 것 아닌가? 결국 필요 이상으로 친절한 경기도 교육청 덕분에 우리 부부는 한 눈에 모든 것을 알게 되었다. 우리 아이가 모든 과목에서 골고루 최하위권의 성적이라는 것을… 서울 강남도 아니고, 목동도 아니고, 상계동·중계동도 아닌 경기도에서 말이다.

2013년 여름

그로부터 2년 후 초등학교에 입학한 둘째 호지도 여전히 방과후 수업과 피아노 학원을 제외하고는 학원 문턱을 단 한 번도 밟아보지 않았다. 내일이 중간고사이건 기말고사이건 밤 9시가 되면 불 끄고 자는 우리 집의 규칙에 예외를 두지 않았다.

그래도 시험 전에 최소한 문제집 한 권 정도는 풀게 해야 할 것 같아서 아이들에게 사주곤 했다. 하지만 내가 봐도 초등학생들이 과연 풀 수 있는 수준인지 이해할 수 없는 난이도의 문제들이 수두룩했다. 초등학교 1학년 문제집에서 확률과 통계의 기본 개념을 적용하는 문제까지 발견하고서 나는 아이들에게 선언했다.

"이따위 문제가 나오면 맞출 필요 없어. 그냥 틀리면 돼. 알았지?"

호지의 첫 학기가 거의 끝날 무렵, 언니보다는 조금 더 성적

욕심이 많았던 호지가 같은 반 친구들이 얼마나 공부를 열심히 하는지를 듣고 와서는 꽤나 충격을 받은 듯이 이야기를 풀어놓기 시작했다. 누구누구는 학원을 몇 군데 다닌다더라, 누구누구는 몇 시까지 잠을 안 자고 공부한다더라…

그런데 그 중 한 아이의 이야기가 기가 막혔다. 아이 엄마가 시험 전에 문제집을 자그마치 10권이나 사서 풀라고 시켰다는 거다. 풀다가 너무 졸려서 아이가 잠들자, 엄마가 그 모습을 보고는 분에 못 이겨서 잠든 아이를 흔들어 깨웠고 새벽 1시까지 끝끝내 문제집 10권을 다 풀게 시켰다는 것이다.

다른 사람도 아닌 자기 엄마에게 그 어린 것이 얼마나 닦달을 당했을지… 내 자식도 아닌 남의 집 자식 이야기를 듣고 있는데도 안쓰럽고 불쌍하다는 느낌을 넘어 화가 치밀어 오르기 시작했다. 이거는 거의 양육을 빙자한 아동학대가 아니고 무엇인가?

"호지야… 그건 그 애 엄마가 잘못한 거야. 내 생각엔 그런 방식은 옳지 않아."

내 입에서 갑작스럽게 튀어나온 단호한 말에 아이의 눈이 동그랗게 변했다. 아내도 놀라서 내 팔을 잡으며 제지했다.

"호지 아빠. 애들 듣는 데서 그렇게 심한 말을 하면 어떻게 해?"

하지만 이상하게도 화가 가라앉지 않았다. 그저 그 집 아이가 불쌍하고 안쓰럽다는 생각뿐이었다.

19세기 학교, 20세기 교사, 21세기 학생들

나와 내 아내 세대는 표준전과 1권과 동아수련장 1권으로 초등학교 시절을 보냈다. 사실 친구들끼리 노느라 바빠서 1년이 지나도록 그 책을 다 풀지도 못하고 버렸던 것 같다. 1980년대 전두환 정권 시절 동안 과외는 금지되어 있었고, 설사 대도시에서는 암암리에 비밀과외가 이뤄졌다 하더라도 내가 살던 시골 동네에서는 언감생심이었다. 1970년대에 태어나 유치원은 발도 디뎌보지 못하고 초등교육마저 부실하게 마친 우리 세대는 그럼에도 불구하고 각자의 그릇 크기에 맞는 지혜와 감정을 차곡차곡 쌓으며 청소년기를 거쳐 성인이 되고 부모가 되었다.

하지만 단 한 번도 '초등학교 1학년 때 문제집을 한 권만 더 풀었으면 내 인생이 더 행복해졌을 텐데'라는 생각은 들지 않는다. 또한 '초등 2, 3학년 과정을 초등 1학년 때 선행하지 않아서 내 인생이 지금 이 모양 이 꼬라지야'라는 생각도 당연히 해본 적 없다. 초등학교 시절 내가 풀었던 문제집 숫자가 나의 긴 인생에 미치는 영향이 사실상 제로라는 걸 너무나도 잘 알기 때문이다.

의학기술이 점점 발달하면서 21세기 초반에 태어난 호비나 호지 또래의 아이들은 거의 100살을 살게 될 게 확실하단다.

21세기의 대부분을 살다가 22세기에 세상을 떠난다는 뜻이다. 21세기 중반쯤에 세상을 떠날 우리 세대들은 상상도 못한 미래를 우리의 아이들은 경험하게 될 것이다. 지금 남들보다 문제집 한 권을 더 풀어 1점 높은 점수를 받는 것이 수십 년 후 그 '멋진 신세계'를 살아갈 우리의 아이들에게 과연 무슨 의미가 있을까? 초등학교 때 풀어본 문제집의 숫자가 아이들의 인생에 과연 영향을 미치기라도 할까? 아마 우리 세대보다 더 영향이 없을 것이다.

그럼에도 불구하고 우리는 아이들을 닦달한다. 문제 하나라도 더 풀라고, 문제집 한 권 더 떼라고… 한 번 풀었던 문제도 풀고 또 풀어서 완벽하게 문제풀이 방법을 암기하라고… 그럼 너희들은 좋은 대학을 갈 수 있을 것이고, 그러면 너희들의 인생은 행복해질 거라고…

22세기를 살아볼 가능성도 없는 우리들은 22세기까지 살아갈 아이들에게 그렇게 매일매일 훈수를 둔다.

우리 아이들을
'이중언어학교'에 보낸 이유 ———

2014년 1월의 어느 날 아침

프랑스 파리에 도착한 지 이틀 만에, 시차도 적응 못한 채 아이들이 다닐 학교를 찾아 나선 우리 가족은 커다란 공원 정문 앞에서 한참을 서성이고 있었다. 교감 선생님과의 면담시간은 다가오는데, 학교 교문을 못 찾고 있는 난감한 상황이었다.

"이상하네. 구글 지도에서는 분명히 학교가 여기라는데, 도대체 학교 교문은 어디에 있는 거야?"

"여기는 공원 같아 보여. 학교가 아닌 것 같아."

"혹시, 공원 안에 학교가 있는 건가?"

몇 번을 망설이다가 혹시나 하는 마음에 공원 정문을 통과해서 안쪽으로 들어가 보았다. 눈앞에 드넓게 펼쳐진 공원은 우리가 알고 있던 바로 그 유럽의 도심 공원 모습 자체였다.

애완견들을 데리고 공원을 평화롭게 산책하는 동네 주민들, 장갑과 모자로 중무장한 채 한겨울의 공원을 활기차게 뛰고 있는 주민들, 게다가 넓은 잔디밭과 예쁜 조각상들까지… 그리고 우리 가족은 그 공원 안쪽에 자리 잡은 아이들 학교를 비로소 찾아냈다.

얼핏 지나치면 그냥 '부잣집 저택'으로 착각하기 딱 좋은 작고 귀여운 회백색 오스만Haussmann 스타일의 건물. 한국에서 커다란 성냥갑처럼 생긴 학교 건물만 봐왔던 우리 가족들이 학교를 한 번에 발견하지 못한 건 어찌 보면 당연한 일이었다.

전교생이라고 해봐야 고작 100명, 1학년부터 5학년까지(프랑스는 초등과정이 5년이다) 다 합쳐서 100명에 불과한 초미니 초등학교. 학교 안으로 들어가니 학교라기보다는 대저택이라는 느낌이 드는 내부 구조였다.

아니나 다를까, 나중에 알고 보니 원래는 부잣집 저택을 학교 재단이 매입하여 학교로 개조한 것이란다. 그 학교의 이름은 바로 EIBÉcole Internationale Bilingue Monceau. 우리말로 굳이 풀이하자면 '몽소 이중언어학교' 정도로 해석될 수 있다.

이름도 생소한 '이중언어학교'

다양한 국가에서 전학온, 불어를 못하는 학생들을 모아서 한 반을 구성한 후 집중적으로 불어를 가르쳐 1년 또는 1년 반 후에 프랑스 교과과정('프렌치 섹션'이라고 불렸다)으로 옮겨주는 '적응반'을 운영 중인 학교를 프랑스에서는 '이중언어학교'라고 부르는데, 파리 시내에만도 10여 곳에 달한다.

　우리 가족이 미국계나 영국계 국제학교를 마다하고 이 학교를 선택한 이유는 단순했다. 저렴한 학비 때문이었다. 국제적인 도시답게 파리에는 프랑스 현지 공립학교와 사립학교는 물론이고 미국계, 영국계, 독일계 학교까지 수백여 개의 다양한 학교가 존재했다.

　우리 부부도 다른 주재원들처럼 미국계 또는 영국계 학교에 아이들을 입학시킬까 잠시 고민했었다. 하지만 가장 큰 걸림돌은 뭐니 뭐니 해도 학비였다. 연간 3만 유로, 우리 돈으로 3,600만원이 훌쩍 넘는 학비에 입이 떡 벌어질 정도였다. 회사에서 지원되는 금액은 절반을 겨우 넘는 수준이니 아이가 둘인 우리 가족의 경우 1년에 부담해야 할 금액만 수천만원이었다.

　"호비 엄마! 애들이 고등학생이라면 대학 진학을 생각해서라도 학비가 비싼 미국계 학교를 보내야겠지만, 이제 겨우 초등학생인 아이들을 그런 비싼 학교에 보내는 게 과연 의미가 있을까? 어차피 초등학교 생활이라는 게 학교에서 즐겁게 뛰어노는 건데 그렇게까지 큰돈을 써야 할까?"

"그러게 말이야. 그렇게 수업료가 비싼 미국계 학교에 보내봤자 과연 그 어린 나이에 얼마나 수준 높은 영어를 배울 수 있을까? 그저 R과 L 발음만 잘 구분할 줄 알지만 콘텐츠는 전혀 없는 영어만 배워오는 거 아닐까?"

어느 학교에 보내지 않을지는 쉽게 결정되었다. 수업료 비싼 미국계 또는 영국계 학교가 가장 먼저 선택지에서 사라지고 나니 남은 것은 프랑스 공립 또는 사립학교였다.

그렇게 학교를 고민하던 와중에 나보다 먼저 프랑스 지사에서 근무했던 회사 선배 직원을 통해 이중언어학교의 존재를 처음으로 알게 되었다.

'적응반'에서 진행되는 1년 가량의 집중적인 불어 훈련, 그 와중에 아이들끼리는 영어로만 의사소통하니 별다른 노력 없이 1년 동안 급성장하는 영어 실력, 저렴한 학비, 적응반 수업을 1년 정도 듣고 나면 불어로 진행되는 '프렌치 섹션'으로 자연스럽게 옮겨갈 수 있는 학교 시스템…

선배 직원의 설명을 듣고 나니 '우리가 찾던 학교가 바로 이 학교로구나'라는 생각이 절로 들었다. 일단 마음을 먹고 나니 그 다음부터는 모든 것이 일사천리로 진행되었다.

프랑스로 떠나기 몇 주 전에 아이들의 학교 입학준비가 다 끝났다. 학교와 연락하고, 호비와 호지의 학년에 빈자리는 있는지 확인하고(다행히 둘 다 빈자리가 있었다), 각종 서류를 보내고, 파리 도착 후 인터뷰 날짜까지 잡는 일이 몇 주 사이에 다 이루어졌다.

정신없이 입학준비를 할 때는 몰랐는데 모든 과정이 끝나고 나니 그제야 조금씩 걱정이 되기 시작했다. 한국어도 완벽하지 않은 초등학교 3학년, 1학년 아이들이 한꺼번에 2개의 외국어를 배우는 힘든 환경에 놓이게 되면 과연 얼마나 적응할 수 있을지…

하지만 주사위는 던져졌다. 불안한 하루하루는 지나고 있었고, 우리 가족이 프랑스로 떠날 날은 계속 다가오고 있었다.

아이들의 3년간의 이중언어학교 생활은 그렇게 시작되었다.

두 개의 외국어를
—— 동시에 배우는 게 가능하다고요?

아이들 학교가 아빠가 근무하는 사무실에서 걸어서 불과 5분 거리에 위치한 것은 정말 행운이었다. 덕분에 나는 가끔 점심 식사를 마치고 산책도 할 겸 사무실을 벗어나 학교가 있는 몽소 공원을 산책하곤 했었다. 그럴 때마다 식사를 마친 아이들이 공원에서 뛰어노는 모습을 볼 수 있었다.

영어로 뭔가를 이야기하는 아이, 그 아이에게 불어로 대답하는 아이, 그걸 듣고는 영어와 불어가 뒤섞인 '프랑글리시'로 끼어드는 아이, 이도 저도 안 되면 자신의 모국어로 생떼를 쓰는 목청 큰 아이들까지⋯ 귀엽고 예쁜 초등학생들이 세계 각국의 언어로 이야기 나누는 모습을 보고 있으면 나까지 기분이 흐뭇해지곤 했다.

하지만 말이 좋아 이중언어학교이지 한국어를 모국어로 하는 호비와 호지의 입장에서는 집에서 사용하는 한국어 외에 영어와 불어까지 모두 3개의 언어를 동시에 공부해야 하는 상황에 처하게 된 셈이었다. 솔직히 호비와 호지를 처음 이중언어학교

26

에 보내면서 아이들이 과연 2개의 외국어를 한 번에 공부하는 게 가능할지가 조금은 걱정스러웠다. 하지만 이중언어학교의 '적응반' 수업이 어떻게 이루어지는지를 보고서는 그 시스템이 이해되기 시작했다.

일단 10여 명 내외의 소수의 학생들로 반이 구성된다. 다양한 국적의 아이들이 모이지만 대개의 경우 영어권 국가 아이들이 상당수 비중을 차지하게 되다보니 자연스럽게 학생들끼리는 영어를 사용한다.

그렇다면 적응반 담당 선생님은 무슨 언어를 사용할까? 선생님은 영어를 완벽하게 이해하고 말할 수 있음에도 불구하고 절대로 아이들이 보는 앞에서는 영어를 말하지 않고, 아침 9시부터 오후 4시까지 오로지 불어로만 이야기한다. 단 한마디의 말도 영어로 하지 않는다.

불어로 지시하거나 설명하는 것을 아이들이 못 알아들으면? 좀 더 천천히 불어로 설명한다. 그래도 못 알아들으면? 다른 단어를 사용해서 천천히 불어로 설명한다. 그래도 못 알아들으면? 답을 알면서도 입만 아프게 왜 또 물어보시나? 또 다른 불어 단어를 사용해서 더 천천히 불어로 설명한다.

심지어 불어를 못하는 학부모들과 대화를 나누거나 면담할 때 어쩔 수 없이 영어를 사용해야 할 경우라면 아이들의 눈에 띄지 않는 곳으로 가서 영어로 대화를 나눈다. 아이들에게는 철저하게 '선생님은 영어 하나도 몰라. 그러니 너희들은 무조건 불어로 이야기해야 돼'라는 메시지를 주는 것이다.

한편, 한국과 비교해서 제법 길게 주어지는 점심시간이나 쉬는 시간에 같은 반 친구끼리 이야기하려면 어쩔 수 없이 영어도 빠르게 익혀야 한다. 교과서를 펴놓고 배우는 영어가 아닌 자기 또래의 영미권 아이들이 쓰는 살아있는 생생한 생활영어를 직접 눈앞에서 보고 들으면서 배우게 된다.

그러다가 수업시간이 시작되면 선생님은 불어로만 이야기한다. 선생님의 설명을 끝끝내 못 알아들으면 먼저 이해한 아이가 영어로 짧게 설명해주는 한이 있더라도 선생님은 절대로 영어로 설명하지 않는다. 학기 중에는 매일 매일이 이렇게 흘러간다.

아이들이 학교생활을 시작한지 몇 개월이 지나자 이중언어학교가 초등과정만 운영되고 있는 이유 또한 이해할 수 있었다. 외국어 2개를 무리 없이 동시에 습득하는 것이 오로지 그 시기에만 가능하기 때문이다. 중고등학교 과정이라면 배워야 할 절대적인 학습량도 많은데 외국어까지 2개 동시에 배우면서 그러한 학습량을 견뎌내지 못할 것이기 때문이다.

한국에서 초등학교 3학년과 1학년을 겨우 마친 우리 호비와 호지, 게다가 '사교육은 시키지 않는다'는 우리 부부의 교육 방침에 따라 '방과후 영어 수업'을 제외하고는 제대로 된 영어학

원도 다녀본 적이 없는 우리 아이들이 영어를 할 줄 알면 얼마나 할 줄 알았겠는가? 그저 매우 기본적인 단어만 내뱉을 줄 알았을 것이다.

하지만 호비와 호지가 점심시간과 쉬는 시간마다 어울려 노는 같은 반 아이들 역시 제아무리 영어 원어민 학생이라 하더라도 이제 겨우 초등학교 4학년과 2학년이다. 어차피 그 아이들도 엄청나게 수준 높은 단어와 표현을 사용할 수준은 못 된다. 그러다보니 자연스럽게 영어를 잘 못하는 호비와 호지도 비교적 빠르게 생활영어 수준의 영어구사 능력은 습득했다.

게다가 우리 아이들이나 그 아이들이나 불어를 배운다는 입장에서는 출발선이 같은 입장이었다. 어차피 동병상련의 입장인 아이들끼리 불어를 배우면서 서로 밀어주고 끌어주다 보니 불어 실력도 하루가 다르게 늘었다.

궁극적으로는 적응반 아이들을 1년이나 1년 반 이후에 프랑스 커리큘럼('프렌치 섹션')에 합류시키는 게 적응반의 목적이었기 때문에 불어를 가르치면서 동시에 타 교과과목도 수업을 진행하는 방식이었다. 즉, 프랑스 정규과정 학생들과 동일하게 진도도 나가고, 학년이 종료되면 다음 학년으로도 자연스럽게 승급이 되는 시스템이었다.

다만 수업시간 구성만 조금 달랐다. 불어로만 수업이 진행되는 '프렌치 섹션'의 커리큘럼을 따르는 것을 기본으로 하되 과학이나 사회과목 등의 시간을 조금씩 줄이고 불어와 영어 수업을 조금 더 늘린 형태로 진행되었다.

언어를 기준으로 나눠보자면 적응반 수업은 약 70% 가량이 불어로 수업이 이뤄졌다. 불어, 수학, 과학 등 중요과목은 대부분 불어로 수업이 이루어졌고, 나머지 30%에 해당하는 시간은 영어로 수업이 이루어졌다.

물론 1시간에 달하는 점심시간과 한국 학교에 비해서 제법 길었던 중간중간의 쉬는 시간(약 20분 가량으로 기억한다)에는 아이들은 대부분 영어만을 사용했다. 어차피 모두에게 어색한 불어보다는 좀 더 익숙한 영어를 사용할 수밖에 없었을 것이다.

이런 환경에 아침 9시부터 오후 4시까지 일주일에 5일 동안 쉼 없이 노출되면 2개의 외국어에 익숙해지지 않을래야 않을 수 없는 그런 상황이 된다. 집에서는 엄마 아빠와 함께 계속 한국어를 쓰고, 학교에서는 영어와 불어를 동시에 익히면서 모국어와 2개의 외국어를 동시에 배우는 호비와 호지의 여정은 그렇게 계속되었다.

이중언어학교의
언어수업

 '프랑글리시'라는 말이 있다. 마치 '콩글리시'라는 단어가 영어인 듯 영어 아닌 한국식 영어를 지칭하듯이, 프랑글리시라는 말 역시 프랑스식 영어를 일컫는 말이다. 'th' 발음을 못해 마치 'z' 처럼 발음하거나, h가 묵음인 불어의 습관상 hour와 our를 똑같이 발음하는 등의 엉성한 프랑스식 영어 발음을 살짝 놀리는 말이다.

 게다가 영어로 문장을 이야기하다가 갑자기 특정 단어가 안 떠오르면 불어로 그 단어를 말하거나, 반대로 기본적으로 문장은 불어로 구사하되 잘 떠오르지 않는 단어의 자리에 영어 단어를 끼워 넣는 말 역시 프랑글리시라고 할 수 있다.

 예를 들어, '숙제'라는 불어 단어devoirs가 어느 순간 갑자기 머릿속에 떠오르지 않으면 그냥 "J'ai oublié mes 'homework'."라고 말해버리는 식이다. 우리말로 굳이 해석하자면 '제가 홈워크를 까먹었어요'라는 뜻이다.

 호비와 호지도 심심치 않게 자주 프랑글리시를 구사하곤 했다. 불어에 대한 적응이 진행될수록 불어 실력은 늘어났지만, 그럼에도 불구하고 가끔 모르는 불어 단어가 있으면 그 자리에 영어를 끼워 넣는 이상한 문장을 자주 사용하곤 했다.

하고 싶은 말은 많은데 특정 단어가 떠오르지 않으니 그 답답함을 해결하기 위해 다른 외국어의 힘을 빌리는 것이었다. 아이들이 프랑글리시를 구사하는 것을 볼 때마다 한편으로는 조금 우스꽝스럽다는 생각도 들었지만, 다른 한편으로는 외국어 2개를 한꺼번에 배우는 게 얼마나 힘들지 안쓰럽기도 했다.

지금 와서 냉정히 되돌아보면, 아이들의 이중언어학교 생활 적응이 오로지 꽃길뿐이었다고 말하기는 어렵다. 일반적인 미국계 학교 학생보다 많은 어려움을 겪어야 했다. 무엇보다 모국어를 포함해 3개나 되는 언어를 동시에 습득해 나가야 한다는 큰 어려움이 있었다. 게다가 초등학교 4학년과 2학년이면 한국어도 열심히 배워야 할 시기였으니 틈틈이 우리말도 가르쳐야만 했다.

호비나 호지와 비슷한 처지의 아이들, 다시 말해 영어가 모국어가 아닌 아이들은 집에서는 모국어, 학교에서는 영어와 불어를 동시에 사용하는 힘든 환경에 노출되었는데, 그러다보니 상대적으로 더 큰 스트레스를 견뎌야만 했다.

그런 이유 때문일까, 안타깝게도 이중언어학교에는 '틱' 증상을 가진 학생들이 비교적 많았는데, 특히 영어가 모국어인 아이들에 비해서 스트레스의 양이 더 컸던 영미권 이외의 학생들에게서 틱 증상을 가진 학생 비율이 상대적으로 높았다.

호비의 친구 중에 스페인에서 온 소피라는 친구가 있었는데, 처음 만났을 때는 눈을 시도 때도 없이 빠르게 깜빡거리고 있었다. 몇 달 지나서 만나보니 눈을 깜빡거리는 증상은 사라졌는데, 1분에도 몇 번씩 코를 찡긋거리는 행동을 하고 있었다. 얼마 후에 만나보니 그 증상은 사라졌는데, 이번에는 오른쪽 어깨를 자꾸 으쓱거리는 행동을 하고 있었다.

스웨덴에서 온 호지의 친구는 우리가 파리에 머무는 3년 내내 호지와 친하게 지냈는데, 매일 밤 수면장애에 시달리며 힘든 하루하루를 보냈다. 그 친구는 우리 집에 와서 호지와 함께 하룻밤 잠을 자는 '슬립오버sleepover'를 몹시도 하고 싶어 했지만 결국 3년 동안 한 번도 뜻을 이루지 못했다.

호비와 호지도 마찬가지였다. 손톱을 물어뜯거나, 눈을 자꾸만 깜빡거리거나, 입술을 뜯어내는 행동으로 자신들의 스트레스를 해소하고 있었다. 자신들의 몸을 학대해가며 학교에 적응하기 위해 사력을 다하는 아이들을 볼 때마다 가슴이 아플 수밖에 없었다.

학교에서도 학생들의 스트레스를 해소시켜 주기 위해 체육활동을 적극적으로 활용하고 있었다. 날씨가 제법 따뜻해지기 시작하는 4월 정도만 되어도 학교 수업을 끝낸 아이들이 때로는

30분 가량, 길게는 1시간도 넘게 잔디가 푸르게 깔린 몽소 공원을 뛰어다니며 놀곤 했었다. 그렇게라도 하루 동안의 스트레스를 푸는 것이었다.

처음에는 공원에서 뛰어노는 아이들의 목소리가 한없이 생기발랄하게만 들렸었는데, 시간이 지나면서 아이들이 얼마나 힘겹게 학교에 적응하고 있는지를 알고 난 이후부터는 아이들의 웃음소리가 그저 행복한 웃음으로만 들리지는 않았다.

적응반이 10여 명 내외의 소수 학생들로 구성되다 보니 학급이 어느 나라 학생들로 주로 구성되느냐에 따라 아이들이 영어와 불어 중에서 어느 외국어에 더 빨리 적응하는지가 결정되었다.

실제로 같은 반에 영어권 원어민 학생이 없었던 호비의 경우 다른 학생들도 모두 불어를 더 열심히 공부하면서 좀 더 빨리 불어에 능숙해졌다. 하지만 같은 반에 영어권 학생이 많았던 호지는 수업시간을 제외하고는 점심시간, 쉬는 시간, 방과후에까지 모두 영어만 사용하면서 오히려 불어보다 영어가 더 빨리 늘었다. 한마디로 '케바케(케이스 바이 케이스)'인 상황이었다.

그렇게 한 번 특정한 외국어가 익숙해지고 나니 시간이 제법 흘러도 아이들의 언어 숙련도가 크게 바뀌지 않았다. 프랑스에서의 3년 체류를 마치고 한국으로 귀국할 즈음 불어와 영어 중에 어느 언어가 더 익숙한지 아이들에게 한 번 슬쩍 물어보았다. 아니나 다를까, 호비는 망설임 없이 불어가 더 편하다고 했고, 호지는 영어가 더 편하다고 대답했다. 한 부모에게서 태어난 자식들인데 가장 편한 언어가 달라지는 웃지 못할 상황이 벌어진 것이었다.

물론 영어만 사용하는 학교에 진학했다면 훨씬 더 편하고 빠르게 언어를 배우고 학교에도 쉽게 적응했을 것이다. 한 가지의 언어만 사용해서 가르치고 배우는 게 당연히 효율이 높지 않겠는가? 하지만 조금은 느리고 오래 걸리더라도 두 번째 외국어까지 꾸준히 배워 나간 아이들은 약 1년 반 정도가 지나자 2개의 외국어를 불편함 없이 사용할 수 있는 수준에 이르렀다. 비록 2개의 외국어 중에 1개는 약간 어색하기는 했지만 말이다.

이중언어학교의 적응반이 사회나 과학 수업의 일부분을 줄여서 영어와 불어 수업시간을 늘렸다고는 하지만, 2개의 언어를 동시에 배우다 보니 결국 영어와 불어 수업시간에 가르쳐야 할 것은 많은데 시간은 부족한 상황이 될 수밖에 없었다. 그러다 보니 불어 수업은 다른 프랑스 학교보다, 영어 수업은 다른 미국계나 영국계 학교보다 더 어렵게 가르칠 수밖에 없었고, 결국 학생들도 조금은 더 힘들 수밖에 없는 상황이었다.

하지만 이중언어학교에서의 언어 수업, 그 중에서도 특히 영어 수업은 이러한 이유 외에도 또 다른 이유로 인해 조금 더 난이도가 높게 수업이 진행되었다. 예를 들어, 초등학교 2, 3학년에 재학 중인 아이들에게 미국 본토 학교라면 4, 5학년 학생들이 읽을 만한 수준의 책을 가르치는 방식이었다.

이쯤 되면 영어 원어민 학생들도 힘들어하는 게 당연한데, 호비나 호지가 힘겨워하는 것은 너무나도 당연했다. 얼마 지나지 않아 학교 선생님들과 이야기하면서 그 궁금증이 풀렸다.

어차피 3, 4년간의 프랑스 생활을 마치고 미국으로 다시 귀국하고 미국 교과과정에 편입해서 영어 수업을 이어나가야 하므로, 어쩔 수 없이 영어를 좀 더 어렵게 가르친다는 것이었다. 말하자면 3, 4년 후에 있을 미국 학교로의 재적응을 좀 더 원활하게 만들어주기 위해 다소 어렵더라도 나이보다 최소 1, 2년 빠른 내용을 배우고 가르치는 것이었다.

그러다 보니 결국 영어 원어민이 아닌 호비나 호지 같은 아이들이 손톱을 물어뜯고, 눈을 깜빡이고, 코를 훌쩍거리는 틱 행동을 할 수 밖에 없는 안타까운 이유가 하나 더 있었던 셈이었다.

세상 현실을
있는 그대로 보여주기

아이들의 영어 수업은 1년 동안 소설, 시, 희곡을 골고루 배우는 방식으로 진행되었는데, 소설 수업시간에는 몇 페이지부터 몇 페이지까지 미리 읽어오라고 숙제를 낸 후 수업시간에는 그 내용에 대해서 선생님과 끊임없이 묻고 토론하는 방식으로 진행되었다.

소설을 읽어오라는 숙제를 제대로 해가지 않으면 수업시간에 단 한마디도 끼어들 수가 없지만, 소설을 제대로 읽고 미리미리 머릿속으로 여러 가지 생각을 정리해 간 학생이라면 정말 알차게 토론식 수업을 받을 수 있는, 무서울 정도로 효율적인 '부익부 빈익빈' 시스템이었다.

학교생활을 시작한 지 몇 주 되지 않은 어느 날, 초등학교 2학년 호지가 영어 수업시간에 읽고 있는 소설의 내용이 너무 어려워 보여서 내가 옆에서 소리 내어 읽어주고 있었다.

책 제목은 〈Blubber〉, 내용은 놀랍게도 초등학교에서 벌어지는 왕따와 학교 폭력에 대한 내용이었다. 초등학생용 소설이

맞나 싶을 정도로 자세하게 묘사된 생생한 학내 폭력 행위에 소스라치게 놀랄 수밖에 없었다. 학생들끼리 교묘하고 체계적으로 작당을 해서 뚱뚱한 학생 하나를 철저하게 왕따시키는 장면, 왕따의 가해자와 피해자를 오가는 학생이 느끼는 미묘하고 섬뜩한 심리적 변화, 심지어 왕따 피해 여학생을 화장실로 몰아넣고 강제로 옷을 벗기는 충격적인 행위에 대한 자세한 묘사까지… 있는 그대로의 현실을 미사여구로 포장하지 않고 생생하게 보여주는 서양식 교육 방법을 나는 그때 처음 마주친 것이었다.

만약 이런 책을 서울의 강남에 있는 초등학교에서 읽기 교재로 채택해서 수업을 진행했다면 학부모들은 담당교사나 교장선생님에게 어떤 반응을 보였을까? 글쎄, 아마도 학부모들의 항의전화 때문에 학교 전화통에 불이 날 것이다.

"도대체 우리 애가 어떤 아이인데… 예쁜 것, 좋은 것만 보여줘도 부족할 마당에 그런 끔찍한 소설을 읽으라고 시킨다고요? 그러고도 당신이 선생이야? 당신이 교육자야?"

하지만 호비와 호지가 다니는 학교에서 그런 항의는 한 건도 없었다. 귀한 자기 자식에게 끔찍한 소설 읽게 시킨다고 항의 전화했다는 사람도 못 만나봤다. 이미 1970년대에 발표되어 미국에서는 모르는 사람이 없는 유명한 초등학생용 소설이었다. 모르긴 몰라도 미국 아이들 학부모 중에서 상당수는 이미 학교에서 이 책을 읽어봤거나 적어도 그 내용을 알고 있었을 것이다. 그들에게는 있는 그대로의 사회 현실을 가르치는 교육이 전혀 이상한 것이 아니었던 것이다.

초등학교 5학년이 된 호비는 영어 수업시간에 셰익스피어의 〈맥베스〉를 배웠다. 셰익스피어가 쓴 그 많고 많은 희곡 중에서 가장 폭력적인 작품이 바로 〈맥베스〉이다. 2시간이 조금 넘는 연극 공연시간 동안 10여 명에 가까운 사람들이 칼에 찔려 죽고 목이 잘려 죽는 것도 모자라, 암살자에게 수십 군데가 찔려 살해된 등장인물 중 하나는 유혈이 낭자한 유령이 되어 등장한다.

이번에도 몇 페이지부터 몇 페이지까지 먼저 읽어오라는 숙제가 있었다. 영어 원어민 아이들도 이해 못하는 17세기 영어로 쓰인 작품을 호비가 어떻게 이해하겠는가? 17세기 영어를 현대 영어로 번역해주는 인터넷 사이트를 찾아 힘겹게 한 줄 한 줄 읽어나가기 시작했다. 호비의 가장 큰 관심사는 하나였다.

"아빠. 다음 사람은 언제 죽어?"

이렇듯 있는 그대로의 사회 현실을 학생들에게 보여주는 것은 미국계나 영국계 학교만의 전매특허도 아니었고, 영어 수업에만 국한된 것도 아니었다. 프랑스 학교의 경우도 마찬가지였다.

아마도 호비와 호지가 서울에서 서래마을 프랑스 학교를 계속 다녔다면 프랑스 대입시험, 즉 바칼로레아 시험을 보았을

것이다. 프랑스 대입(바칼로레아) 역사 시험은 있는 그대로의 역사적 사실과 그 역사적 사실에서 무엇을 취해야 하는지를 진지하게 묻고 질문하는 방식으로 학생들을 테스트했다.

무엇보다 프랑스 바칼로레아 역사 과목 시험의 불문율은 19세기 이전의 사건은 출제 범위에 아예 들어가지도 않는다는 거다. 역사 시험인데 불과 몇 십 년 전 사건만을 묻고 답한다. '과거를 묻지 않는' 역사 시험인 것이다.

그러니 프랑스 학생들은 그 길고 어려운 프랑스 왕 이름 하나도 외울 필요가 없고, 지명이나 출생년도 역시 당연히 외울 필요가 없다. 대신 2개의 긴 에세이 문제 중 하나를 선택해 답하는데, 한국의 역사 선생님들이 들으면 눈이 휘둥그레질 만한 주제들이다.

실제로, 2018년 바칼로레아 역사 시험은 '역사 연구의 발전과 프랑스 사회의 기억'이라는 주제로 문제가 출제되었다. 제2차 세계대전 중 발생한 유태인 학살과, 1960년대에 프랑스의 잔인한 탄압에도 불구하고 끝내 독립에 성공한 알제리 독립전쟁 관련 문서들을 각각 제시한 후 '역사 연구가 진행됨에 따라 유태인 학살 또는 알제리 독립전쟁에 대한 프랑스 사회의 인식이 어떻게 변화했는지를 설명하라'는 문제였다.

참고로, 이렇게 과거의 잘못을 성찰하는 문제는 프랑스 바칼로레아의 단골 문제들이다. 예를 들어 '제2차 세계대전 이후 중동이 왜 화약고가 되었는지 설명하라'라는 문제도 출제된 바 있다. 중동이 왜 지금의 중동이 되었는가? 영국, 프랑스와 같은 서구 열강의 식민지배 후유증이 아니고 그 무엇이겠는가?

우리 같은 외국인들은 잘 모르지만, 제2차 세계대전 때 프랑스를 점령한 독일군이 프랑스 내 거주하던 유태인들을 색출하고 학살하는데 프랑스인들은 적극적으로 동참했다. 자유, 평등, 박애를 떠들어대는 프랑스가 불과 60여 년 전에 알제리의 독립운동을 얼마나 잔인하게 유혈 진압했는지는 글로 옮기기 고통스러울 정도이다. 그들은 이러한 부끄러운 역사를 회피하지 않고 정면으로 마주하는 것이다. 그리고 학생들에게 어떻게 생각하는지를 묻는 것이다.

미국의 대입 역사 시험AP US History은 객관식 문항에서 역사 지식을 묻는 문제가 일부라도 있지만, 프랑스에서는 그런 것조차 없다. 그냥 대놓고 역사 인식만 묻는다. 우리로 치자면 '일제시대 친일파들이 어떻게 일본 제국주의에 협조하였는지를 서술하고 본인의 의견을 쓰시오', '베트남 전쟁에서 우리나라 군인들이 어떻게 베트남 시민들을 학살했는지를 서술하고 본인의 의견을 쓰시오' 정도의 문제라고나 할까. 사회 곳곳에서 엄청난 항의 또는 비난을 각오하지 않고서는 출제할 수 없는 문제들일 것이다.

'동심천사주의'라는 말이 있다. 아이들의 마음은 천사와 같으니 아이들에게는 좋은 것과 예쁜 것만 보여주고, 들려주고, 읽혀줘야 한다는 생각이다. 그 때문일까, 우리나라 초등학교 교과서에는 예쁜 꽃과 곤충 이야기부터 시작해서 가슴 따뜻한 전래동화가 한가득 차고도 넘친다. 아빠나 엄마가 초등학생 자녀의 교과서를 펼쳐 읽기 시작하면 몸과 마음이 모두 힐링되는 느낌이 들 정도이다.

하지만 국제학교의 — 그것이 미국 학교이건 프랑스 학교이건 — 수업시간에 읽고, 쓰고, 토론하는 내용들은 한국 학부모들이 보면 그야말로 까무러칠 만한 내용으로 가득하다. 잔인하고 끔찍한 현실을 있는 그대로 보여준다. 그리고 아이들에게 이러한 현실 세계를 어떻게 받아들여야 할지, 어떻게 고쳐야 할지를 진지하고도 무겁게 묻는다.

자국민이 저질렀던 나치 독일에 대한 부역과 아프리카 식민지에서의 폭정을 자세하고 꼼꼼하게 가르치는 프랑스의 역사교육. 그와는 반대로, 독립운동 역사는 열심히 가르치지만 친일 파들이 어떻게 일제에 부역했는지는 가르치지 않는 우리나라의 역사교육. 어떤 교육이 과거의 실수를 미래에 반복하는 것을 막는데 도움이 될까?

눈에 넣어도 아프지 않을 귀한 아이들이니 예쁜 것, 고운 것만 보고, 듣고, 가르치는 교육이 더 좋은 교육일까? 아니면 우리나라에서 벌어지는 학교 내 왕따, 점점 심해지는 계층 간 불평등 문제, 세대 간의 갈등 등 첨예한 문제를 정면으로 다루는 교육이 더 좋은 교육일까? 모두가 진지하게 고민하고 변화를 위해 노력해야 하는 시기가 바로 지금이 아닐까 한다.

학교가 사회적 트라우마에
대처하는 방법

2015년 1월

우리 가족은 2014년부터 2016년까지 3년을 프랑스 파리에 살면서 3건의 큰 테러 사건을 겪었다.

먼저 2015년 1월 7일에는 이슬람 극단주의에 경도된 청년들이 정치풍자 전문 주간지인 '샤를리 엡도'의 본사에 난입하여 무려 12명을 죽이고 10명에게 부상을 입힌 사건이 있었다. 샤를리 엡도는 정치와 종교를 망라해서 성역 없이 날카로운 풍자와 비판을 가하는 것으로 유명한 언론사였는데, 이슬람교의 창시자인 마호메트를 만화로 풍자했다는 것이 그들이 밝힌 테러의 이유였다. 같은 해 11월 13일에는 파리에 있는 바타클랑이라는 유명한 공연장과 시내 곳곳에서 일곱 건의 테러가 동시에 발생했고, 100명이 넘는 사람들이 소중한 목숨을 잃었다. 2016년 7월 14일에는 프랑스 남부의 휴양도시인 니스에서 테러범이 화물차를 몰고 인파 속으로 돌진하는 바람에 무려 86명이 사망하고 450여 명이 부상당하기도 했었다.

우리의 파리 생활이 테러 전과 테러 후에 얼마나 많이 바뀌었는지만 기록한다 해도 최소한 책 한 권은 나올 정도로 변화는 컸다. 하지만 학부모 입장인 우리 부부에게 가장 인상적이었던 것은 특히 샤를리 엡도에 대한 테러를 대하는 프랑스 교육계와 학교의 대응이었다.

프랑스 교육계는 엄청난 충격에 빠졌다. 프랑스 언론에서는 테러범들이 '액센트가 없는 깨끗한 불어로' 고함을 질렀다는 내용이 반복적으로 보도되었다. 말끔한 파리 지역 억양이 뭘 의미하는지는 자명했다.

비록 테러범들이 북아프리카 출신 아랍인 이민자의 자식이고 외모와 피부색도 토종 프랑스인과는 달랐지만, 프랑스에서 태어나고 자라며 프랑스 교육을 받은 '뼛속까지 100% 프랑스인'이라는 점이었다. 프랑스 교육을 받은 프랑스 청년들이 다른 것도 아닌, 프랑스가 목숨보다도 중요하게 생각하는 언론의 자유에 칼을 꽂은 것이었다.

프랑스의 공교육은 나폴레옹 시대까지 거슬러 올라갈 정도로 유서가 깊다. 프랑스가 인류 사회에게 선사한 최고의 선물이 바로 민주주의와 공교육 시스템이라고 말할 정도로 자신들의 교육 시스템을 자랑스러워하던 프랑스 교육계에게는 그야말로 핵폭탄급 사건이었던 것이다.

테러 다음날, 학교에서 돌아온 호지는 말했다.

"하루 종일 담임 선생님이 세상을 다 잃은 듯한 표정이셨어. 너무 슬프신가 봐."

하루가 멀다 하고 교육전문가들이 텔레비전에 등장해 뜨거운 토론을 벌었다. 그들은 물었다.

어쩌다가 프랑스 교육 시스템은 이런 자생적인 테러리스트들을 막아내지 못했나? 어떻게 하면 제2의 샤를리 엡도 사태를 막을 수 있을 것인가?

'진도를 나가지 않겠다' 는 학교

아이들이 다니던 학교에서도 변화가 나타났다. 학교 앞에 높은 바리케이드가 등장했고, 경찰들이 쉬지 않고 주변을 순찰하기 시작한 것이다.

하지만 그보다 더 놀라웠던 것은 학교로부터 날아온 이메일의 내용이었다. 테러 직후 봄방학까지의 약 두 달 동안(우리로 치면 '사회' 과목에 해당하는 시간에) 애초에 계획했던 교과과정 대신 '평화'와 '분쟁', 그리고 '더불어 사는 삶'을 가르치기로 결정했다는 내용이었다. 한국식으로 표현하자면 학교가 '진도를 나가지 않고 다른 것을 가르치겠다'고 일방적으로 학부모에게 통보한 것이다.

아이들에게는 유엔 인권헌장을 조사하고 리포트를 쓰라는 숙제가 주어졌고, 전 세계 분쟁지역과 그 분쟁의 원인을 조사하라는 숙제도 주어졌다. 아이들은 그 어느 때보다도 진지하게 수업에 임했다. 학부모들 역시 학교의 결정을 이해하고 호응했다.

집단적 트라우마를 겪고났을 때 과연 교육은 무엇을 해야 하는지를 프랑스 교육계는 고민했고, 학교는 실천했으며, 학부모들은 지지했던 것이다. 돌이켜 보면 그것은 교육이자 치유였고, 미래에 대한 약속이었던 것 같다.

샤를리 엡도 테러 이후 프랑스 사회 전체가 어떻게 변했는지는 잘 모르겠다. 하지만 최소한 프랑스 교육계는 뼈저리게 자각했다. 학생들에게 다름은 틀림이 아님을, 나의 올바름이 너의 올바름이 아님을, 그리고 나와 다른 생각과 말과 행동을 가진 그 누군가가 악마가 아니라는 것을… 그리고 이 모든 것을 가르치는 것은 교육 현장에서부터 시작되어야 한다는 것을 말이다.

물론 프랑스 교육계의 대응이 완벽했다고 주장할 생각은 추호도 없다. 초등학생들에게 유엔 인권헌장을 조사시키고, 분쟁 지역 조사보고서를 써오라는 숙제를 내준다고 해서 프랑스의 식민지배 시절부터 켜켜이 쌓여온 구조적인 모순이 어떻게 일시에 해소될 수 있겠는가? 그리고 실제로 북아프리카 출신 이민자 자녀들이 주로 재학하는 공립학교에서도 과연 우리 아이들이 다니던 사립학교에서와 같은 그런 교육이 이루어졌는지도 우리는 확인하지 못했다.

게다가 샤를리 엡도 사건 이후에도 크고 작은 테러는 여전히 잇달았고, 2020년 10월에는 파리 근교에서 중학교 교사가 수업시간에 샤를리 엡도 사건을 언급했다는 이유로 퇴근길에 이슬람 극단주의자에게 참수를 당하는 끔찍한 일도 있었으니 프랑스 교육계의 노력이 만족할 만한 결실을 맺었다고 결론내리기도 어렵다.

다만 엄청난 사회적 트라우마에 직면했을 때 교육계가 함께 고민하고 개선책을 찾기 위해 노력이라도 하는 모습을 우리 가족은 지켜보았다.

한국 사회도 2014년 4월에 304명이나 되는 꽃다운 목숨이 바다에서 허망하게 사라지는 엄청난 사회적 트라우마를 겪었다. 세월호 참사는 '전원 구조'라는 언론의 오보로부터 시작되어 엉성하기만 했던 초기대응을 거친 후 뒤이은 행정능력의 무능까지 그야말로 우리 사회의 모순을 모두 드러냈다.

그것만으로도 모자라 시간이 지나면서 극단적인 이념대립으로 변질되고야 말았다. 누군가는 진상을 조사하고 책임자를 처벌한 후 참사를 기억해야 한다고 요구했고, 또 다른 누군가는 '해상교통사고'를 지나치게 정치화하고 있다며 단식중인 유가족 앞에서 먹방 시위를 벌였다.

하지만 우리가 접했던 뉴스 속에서 우리 교육계가 앞으로 어떻게 아이들을 가르쳐야 할지에 대해서 심사숙고했다는 이야기는 듣지 못한 것 같다. 어쩌면 우리의 교육계도 실제로는 많은 고민과 논의를 했지만, 2014년부터 2016년까지 우리 가족이 해외에 머물렀기 때문에 한국 교육계의 대응을 전해 듣지 못한 것이라고 믿고 싶다.

엄청난 사회적 트라우마를 겪은 후 가장 민감하게 반응해야 하는 곳은 마땅히 교육의 현장일 것이다. 그렇게 많은 꽃다운 목숨이 스러져갔는데도 그냥 과거의 '사건 사고'로만 기억된다면, 그리고 아직도 우리의 사회와 학교에 "얘들아. 조용히 해라. 진도 나가자"를 외치는 선생님들과, "수능 킬러 문항 2개만 풀면 돼"를 외치는 학생들과, "대학만 가면 돼"라고 외치는 학부모 밖에 없다면⋯ 그렇게 큰 사회적 참사를 겪고 나서 우리가 배운 게 없다면 왠지 너무나도 슬플 것 같다.

아이들을
회사 구내식당에 데려갔더니 ——

　평소에는 잘 느끼지 못하다가 '아, 내 자식이 외국인학교를 다니고 있구나'를 절감하게 되는 계기가 몇 차례 있었다. 대표적인 것이 한국에서 정규 초등학교나 중학교를 제대로 잘 다녔더라면 들어볼 일도 없는 용어와 절차들을 만날 때이다. '정원외 관리자'라는 말도 그 중에 하나이고, 초졸 또는 중졸 검정고시도 그렇다. 중학교까지의 교육을 의무교육으로 정하고 있는 우리나라에서, 초등학교나 중학교를 자퇴하게 되면 이러한 학생들은 정원외 관리자로 분류되어 관리된다. 쉽게 말해 '정규교육'을 받지 않고 나중에 검정고시를 보게 될 아이들이라는 뜻이다.

　우리 호비와 호지도 2017년 1월 프랑스에서 귀국하자마자 서울의 서래마을 프랑스 학교에 입학하다보니 자연스럽게 한국의 초등학교와 중학교를 가지 못하게 되었다. 프랑스 학교를 즐겁게 다니는 것은 감사한 일이었지만, 나중에 한국에 있는 대학에 진학할 경우를 대비해서 어떤 행정절차를 마쳐야 하는지가 걱정이었다. 교육청에도 문의하고 인터넷도 열심히 뒤져 초졸, 중졸 등의 검정고시를 통과해야 하며, 검정고시 응시를 위해서는 이른바 정원외 관리자 증명서라는 서류가 필요하다는 것도 알게 되었다. 호비와 호지가 마지막으로 재학했던 초등학교에서 증명서를 발급해줬다. 맨 윗줄에 쓰여 있던 '정원외 관리'라는 단어가 주는 묘한 소외감이 계속 마음에 걸렸다.

국어와 국사 수업이 개설되어 있어서 한국의 고등학교와 동일한 졸업자격을 주는 소수의 '국제학교' 졸업생이라면 굳이 검정고시를 보지 않아도 국내의 대학에 입학할 자격이 있다. 하지만 한국에 소재하는 약 40여 개에 달하는 '외국인학교' 졸업생이 한국의 대학 진학을 희망한다면 검정고시가 필수적이다.

첫째 딸 호비의 초등학교 졸업 검정고시를 위해 원서도 제출하고, 시험준비에도 같이 동참하면서 검정고시의 세계에 대해서도 조금 알게 되었다. 무엇보다 아직도 우리나라에서 매년 다양한 연령대를 가진 수천 명의 응시생이 검정고시에 응시하고 있다는 점을 알고 꽤 놀랐다. 검정고시는 배움의 때를 놓친 어르신들이 주로 보는 시험이라고 생각해왔었는데, 막상 호비의 검정고시 응시원서를 접수하러 갔다가 젊다 못해 어린 학생들도 많이 있어서 두 번째로 놀랐다. 원서접수처에서 호비의 원서를 작성하는데, 생김새와 옷차림은 한국 아이들과 똑같은데 자기들끼리는 유창한 중국어로 이야기하는 아이들이 주위에

많아서 세 번째로 놀랐다. 아마도 한국에 정착한 재중동포(조선족) 자녀들이 아닐까 생각되었다.

검정고시야 어쩌다 한 번 있는 일이니 조금 불편하고 어색하더라도 그러려니 하지만, 일상생활에서도 크고 작은 불편함은 꽤 있었다. 프랑스 학교는 보통 9월 초에 신학기를 시작해서 약 6주간 수업을 하고 2주간 방학을 하는 사이클을 이듬해 7월에 시작하는 여름방학까지 계속 반복한다. 그러다 보니 10월 중순이나, 2월 중순, 4월 말처럼 한국 학교가 멀쩡하게 수업하고 있는 시기에 프랑스 학교는 2주간의 방학을 맞게 된다.

당시 중학교에 다니던 호비와 호지만 집에 두고 2주일 동안 출근하자니 적잖이 신경이 쓰였다. 당장 아이들 점심부터가 걱정이었다. 새벽에 좀 더 일찍 일어나 점심을 차려놓고 출근하는 방법, 집 앞에 있는 편의점에서 사먹을 수 있는 용돈을 주는 방법 등등 여러 방법을 궁리해봤다. 하지만 해가 중천에 뜰 때까지 밥도 안 먹고 침대에서 유튜브를 보고 뒹굴 게 뻔한 게으른 아이들에게 자기들 손으로 밥을 차려먹으라고 닦달하는 게 소용이 있을지가 의문이었다. 차라리 점심시간에 맞춰 아빠의 사무실 근처로 오게 해서 밥을 사주는 게 낫겠다는 생각이 들었다.

왕복 3시간이 넘게 걸리는 엄마 사무실은 근처에 제대로 된 식당도 없고 해서 결국 아이들 방학 동안 내가 점심을 책임지게 되었다. 2주밖에 안 되는 짧은 기간, 게다가 내가 직접 음식을 만들어 먹이는 것도 아니고 나는 오로지 메뉴만 고르면 되는 것이었는데도 일이 쉽지 않았다. 첫째가 좋다는 음식은 둘째가 싫다 하고, 둘째가 반기는 음식은 첫째가 반대했다. 아이들이 어렵게 의견 통일한 음식들은 죄다 라면, 떡볶이, 순대, 튀김처럼 영양가 없는 분식류였다. 좀 음식다운 음식을 먹이고 싶어서 고민 끝에 좋은 식당에 데려가면 아이들 반응은 미적지근했다.

"아빠. 이건 아저씨 아줌마들이나 좋아할 음식이야. 맛없어."

숟가락과 젓가락을 내려놓고는 아이들은 이내 핸드폰 화면 속으로 빠져들어 버렸다. 이러다 보니 결국 방학이 돌아올 때마다 루틴은 똑같았다.

방학이 시작된 처음 며칠 동안은 의욕적으로 식당을 찾아 나서다가 호비와 호지가 메뉴를 놓고 몇 번 다투고, 옆에서 그걸 중재하던 나도 지쳐서 짜증낸다. 결국 방학이 끝날 즈음에는 두 아이가 모두 좋아하는 분식류로 타협을 보거나, 내가 일이 많아서 점심을 빨리 먹어야 하면 애들을 데리고 아예 회사 구내식당으로 가곤 했다. 아저씨 아줌마들 사이에서 밥을 먹어야 하는 아이들에게는 꽤나 어색한 일이었겠지만 어쩔 수 없었다.

이렇게 국내에서 아이들을 외국인 학교에 보내는 한국 가족들은 '정원외 관리' 대상인 아이들을 데리고 검정고시를 보고, 생뚱맞은 방학기간 동안 아이들을 어찌해야 할지를 고민하는 '아싸(아웃사이더)'스러운 일상을 살아간다.

그렇다면 외국인 학교 안에서는 '인싸(인사이더)'스러운 일상일까? 우리 가족의 경우를 살펴보면 딱히 그렇지도 않은 것 같다. 프랑스에서 귀국한 지 얼마 지나지 않았을 때는 그나마 불어 실력이 좀 남아 있어서 학부모 면담이나 각종 설명회에 꼬박꼬박 참석하곤 했었다.

하지만 시간이 점차 지나자 나와 내 아내의 불어 실력은 급격하게 떨어지는 가운데 아이들의 학년이 올라가면서 각종 모임이나 설명회 내용은 점점 복잡해지기 시작했다. 회사 눈치를 보며 힘들게 휴가를 써서 모임에 참석해도 내용을 알아듣기 힘든 서글픈 상황이 되었다. 학교생활에 그럭저럭 잘 적응한 두 아이들이 선생님들 지시사항을 잊지 않고 잘 따라주기만 바라는 형국이 되었다.

많이 읽고, 많이 쓰고, 많이 토론하는 프랑스 학교의 수업방식은 나무랄 데가 없었다. 학생들의 자율을 존중하면서도 다른 외국인 학교보다는 조금은 엄격한 학사관리도 마음에 들었다. 하지만 외국인 가족이 대다수를 차지하는 프랑스 학교에 재학 중인 호비와 호지의 생활은 어쩔 수 없이 학교 안에서나 학교 밖에서나 조금은 '아싸'일 수밖에 없었다.

게다가 보통 3, 4년마다 부모의 한국 근무기간이 끝나면 다른 나라로 떠나는 가족이 대다수를 이루는 외국인 학교의 특성 때문에 매년마다 반복되는 친한 친구들과의 이별은 호비와 호지에게는 피할 수 없는 일상이 되어버렸다. 부모의 입장에서도 프랑스 학교를 계속 보내면 과연 어떤 대학에 진학시킬 수 있을지, 아이들이 좀 더 크기 전에 대학 진학에 유리한 학교로 전학시켜야 하는 것은 아닌지를 고민할 수밖에 없었다.

부모인 나와 내 아내가 머뭇머뭇하는 사이, 2019년 여름에 먼저 결단을 내린 것은 첫째 딸 호비였다.

우리 가족이 다시
한국을 떠난 이유 ───

2019년 7월

오랜만에 우리 네 식구가 외식하는 자리에서 한참 동안 말이 없던 호비가 입을 열었다. 학교를 더 이상 다니기 싫으니 전학을 가고 싶다는 것이었다. 사실 몇 달 전부터 "친한 친구들이 하나둘씩 다 전학 가고 있어", "나만 혼자 남겨지는 것 같아서 싫어"라는 말을 종종 입에 올리곤 했지만 우리 부부는 유심히 듣지는 않았었다. 그러다가 한 학년이 끝나는 여름방학(당시 우리 아이들이 재학 중이던 서래마을의 프랑스 학교는 9월에 학기를 시작해서 이듬해 7월에 끝났다)을 맞아 식구끼리 외식하는 자리에서 큰딸이 마침내 지난 몇 달간 마음속에 담아두었던 말들을 쏟아내기 시작한 것이다.

"아빠. 우리 한 번만 더 다른 나라 나가면 안 돼?"

2014년 초에 내가 프랑스 지사로 발령나면서 우리 네 식구는 3년간 파리에서 생활을 했었다. 세상 물정 모르던 초등학교 저학년 두 딸들은 그 3년의 기간 동안 하루가 다르게 성장했고,

그 모습을 바로 곁에서 지켜볼 수 있다는 것은 나와 아내에게 큰 기쁨이었다. 한국에 있을 때 빈번했던 야근과 회식이 없어진 덕분이었다. '예쁜 것', '맛있는 것', '멋진 것'에 있어서 항상 진심인 프랑스에 살면서 우리 가족, 특히 막 청소년기에 진입한 두 딸들은 그야말로 스펀지가 물을 빨아들이듯 인생이 주는 행복과 환희를 온몸 가득 느끼고 있었다.

사실 나는 프랑스로 출발하기 전부터 '3년간의 근무를 마치고 한국에 돌아와서도 아이들을 계속 프랑스 교육 시스템 속에서 교육시켜도 나쁘지 않을 것 같다'는 생각을 갖기 시작했었다. 미국식 교육보다 조금은 더 엄격하지만, 자유로운 사고와 예술에 대한 사랑을 넘치도록 듬뿍 학생들에게 쏟아부어주는 시스템이라는 생각이 들었기 때문이다. 알아보니 서울에도 프랑스 학교가 두 곳이나 있었다.

하지만 "한국에 돌아온 다음에도 아이들을 계속 프랑스 학교에 보내는 게 어떨 것 같아?"라는 나의 질문에 아내는 고개를 절레절레 흔들었다. 한국 아이들은 한국 교육을 받아야 한다는 이유였다. 하긴 자기 자식이 외국 학교를 전전하다가 한국어도 제대로 못하고, 불어도 어중간하게 하면서 영어도 더듬거리는 '어설픈 이방인'이 되기를 원하는 부모가 어디 있을까? 나도 더 이상 내 의견을 강요할 수는 없었다.

2014년 1월 추운 겨울에 우리는 프랑스에 도착했다. 아이들의 언어 능력이라고는 초등학교 방과후 수업시간에 배운 엉성한 영어 실력, 그리고 봉주르와 봉수아르를 간신히 구별하는 불어 실력뿐… 우리 부부는 '아이들이 선생님의 불어를 알아듣기나 하려나' 걱정을 하며, 두 아이들을 불어와 영어를 병용하는 'École Bilingue(우리말로 번역하자면 '이중언어학교'가 된다)'에 입학시켰다. 하지만 어린 나이에 외국에 나온 것이 오히려 전화위복이 된 걸까? 3년 동안 아이들은 빠른 속도로 학교에 적응하는 수준을 넘어서 어느덧 학교를 사랑하는 수준에 이르렀다.

학기가 끝나는 방학식 날, 두 아이들은 한껏 신나서 집으로 돌아왔다. 하지만 며칠 지나지 않아 "학교에 못 가서 심심하다", "빨리 개학이 되면 좋겠다", 심지어 "학교에 가면 선생님과 친구들 모두 다 너무 재미있는데 왜 엄마와 아빠는 이렇게 재미가 없냐? 엄마와 아빠는 세상에서 제일 재미없는 사람이다"라는 불평을 쏟아내기 시작했다. 주입식 교육으로 시작해서 경쟁과 줄 세우기를 거쳐 마지막에는 입시지옥으로 끝을 맺는 끔찍한 학창시절을 경험했던 나와 아내에게는 행복하고 놀라운 경험이었다.

'아, 학교가 재미있는 곳일 수 있구나!'

이런 영향 때문인지 2016년 말 귀국을 앞두고 이젠 오히려 아내가 아이들의 프랑스 학교 입학에 더 적극적이었다. 하지만 적지 않은 수업료 수준이 걱정이었다. 또한 그 학교는 이른

바 '외국인 학교'라서 졸업해봤자 한국 교육과정을 이수한 것으로 인정받지 못하게 되고, 결국 두 딸이 모두 '검정고시'를 봐야만 한다는 사실도 마음에 걸렸다. 우리나라처럼 학력과 학벌이 중요한 사회에서 그게 자칫 아이들에게 엄청난 낙인이 될 수도 있다는 걱정을 떨쳐 버릴 수 없었다. 하지만 우리 부부는 지난 3년간 직접 듣고, 보고, 겪은 경험을 믿어보기로 했다.

프랑스에 있는 프랑스 학교에서 한국에 있는 프랑스 학교로의 전학은 어렵지 않았다. 학교에서 사용하는 언어, 배우는 교과과정이 대부분 동일하다 보니 두 딸은 어려움 없이 새로운 학교에 잘 적응했다. 선생님들은 친절하고 열정적이셨고, 학생들도 의젓하고 모범적이었다. 물론 라틴어를 배우기 싫다고 버티는 첫째 딸을 어르고 달래서 라틴어 수업을 듣게 했다가 첫 학기 내내 "아빠 때문에 이런 쓸모없는 죽은 언어를 배우느라 힘들어 죽겠어"라는 불평을 들은 것 하나만 빼고 말이다(프랑스에 있는 학교에서는 라틴어를 안 가르쳤었다).

이렇게까지 새로운 학교를 좋아했던 아이들이었는데…

2년 정도 시간이 지나면서 아이들, 특히 첫째 딸의 마음이 조금씩 학교에서 떠나고 있었던 것이다. 처음에는 그냥 지나가는 흔한 사춘기의 감정이려니 했다. 하지만 조금씩 커져 가던 첫째 딸의 불만과 불안을 폭발시킨 것은 친하게 지내던 친구들이

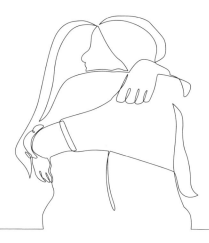

다 떠나고 마지막으로 남아있던 리디아라는 친구마저 조만간 한국을 떠나게 되었다는 소식이었다. 리디아 아버지의 한국 근무기간이 거의 다 된 것이다.

가족들이 모인 외식 자리에서 첫째 딸은 거의 울음을 터뜨리기 일보직전이었다.

"아빠. 내 모든 친구들이 다 떠났어. 다 떠났다고! 이젠 나 혼자만 남은 거야. 이럴 바엔 차라리 더 넓은 세상에 나가고 싶어. 도전해보고 싶다고. 어차피 대학 가려면 좀 더 큰 학교에 가는 게 나을 테니까."

3년이나 4년이 지나면 인사발령을 받아 다른 나라로 떠나는 해외 주재원들의 삶. 떠나는 우리는 남아 있게 되는 사람들이 얼마나 힘들지를 잘 몰랐다. 하지만 한국에 들어와 우리 아이

아이는 둘, 언어는 셋, 나라는 넷   **61**

들이 서래마을 프랑스 학교를 다니면서 이젠 우리가 '남아 있는 사람'이 되었다.

한국에서 잠시 근무하고 떠나는 주재원 자녀들이 대다수를 구성하는 학교를 다니다 보니 붙박이로 학교를 다니는 호비에게는 매번 학기가 끝날 때마다 정든 친구들을 떠나보내는 일이 꽤나 힘든 일이었나 보다. 내가 떠날 때는 몰랐는데, 이제 남는 자의 슬픔을 알게 된 것이다. 매번 학기가 끝날 때마다 크고 작은 마음고생을 했을 첫째 딸을 생각하니 마음이 짠했다.

그러고 보니 아이들이 파리에서 마지막으로 학교에 등교하던 날이 기억난다. 호비의 친구 중에 로렌이라고 갈색머리에 마음이 여려 보이는 프랑스 학생이 한 명 있었는데, 마지막 인사를 건네는 호비를 끌어안고 그야말로 대성통곡을 하고 있었다. 어릴 때부터 쭉 파리에 살며 그 학교를 계속 다닌 로렌은 말하자면 그 학교의 터줏대감 격이었다. 어찌나 슬프게 우는지 호비와 나 둘 다 살짝 당황했지만 왜 그렇게 슬퍼하는지 그때는 몰랐다.

하지만 몇 년이 지난 지금 어렴풋이나마 그때 왜 로렌이 그렇게도 슬피 울었는지 이해할 것 같다. 그 학교를 어릴 때부터 계속 다니며 너무나도 많은 이별을 겪다보니 그 어린 나이에도 '남아 있게 된다는 것'이 무엇인지를 알게 된 것은 아니었을까? 반복해도 결코 익숙해지지 않는 게 이별인데, 로렌은 그때 호비를 떠나보내며 또다시 찾아온 이별의 시간을 슬퍼한 것은 아니었을까?

3년의 세월이 지난 후, 이제는 호비가 그때의 로렌이 되었다. 새처럼 구름처럼 자유롭게 떠나가는 친구들을 하염없이 바라보는 붙박이 나무가 된 것이다. 땅에 박혀 꼼짝 못하는 자기 상황을 원망하고 또 원망하면서 말이다.

식사를 끝내고 집으로 돌아와 아이들이 모두 잠든 시간, 아내와 본격적인 상의를 시작했다. 만약 이 시점에 다시 해외근무를 지원한다면 아내의 휴직 문제는 물론이고, 언니 때문에 졸지에 전학가게 되는 둘째 딸 호지는 이 상황을 어떻게 받아들일지… 고민되는 문제가 하나둘이 아니었다.

그럼에도 시간은 무심히 잘도 흘러갔다. 그리고 그 모든 고민과 걱정, 망설임이 마치 폭풍우처럼 휩쓸고 지나간 6개월 후, 우리 가족은 2020년 1월 인도 뉴델리로 떠나는 비행기에 올랐다.

새로운 곳이 주는 설렘과 막연한 불안감이 뒤섞인 삶, 주인이 아닌 손님으로서의 삶, 정착해서 살고 있으나 그곳에 속하지는 않은 삶, 이방인의 언어가 24시간 나를 감싸는 삶, 그리고 '남아 있는 사람'이 아닌 '왔다가 떠나는 사람'의 삶… 바로 그 삶이 3년 만에 다시 시작된 것이다. 한국으로부터 수천 킬로미터 떨어진 이곳 인도에서.

p/s. 우리가 파리를 떠난 후 K-pop 팬이 된 로렌은 엄마를 조르고 졸라 2019년에 잠시 서울을 방문했고, 호비와도 재회했다. K-pop 팬들이 꼭 들른다는 유명한 성지들을 두루 방문했다고 한다. 자신이 진심으로 사랑하는 아이돌을 찾아 그 먼 거리를 날아온 아이도 당돌했고, 그런 결정을 지지하고 여행길에 동행해준 엄마도 대단하다는 생각이 들었다.

코로나 시대에
우정이 살아남는 법 ─────

이별 편지 - 2019년 겨울

우리 가족이 한국을 떠나기 전에 둘째 딸 호지가 친한 학교 친구들과 소박한 이별 파티를 한 곳은 아이들이 다니던 서래마을 프랑스 학교에서 얼마 떨어지지 않은 톰앤톰스 커피숍 서래마을점이었다.

파티가 끝날 즈음 갑작스럽게 겨울비가 억수같이 쏟아지기 시작했다. 출국 준비로 휴가를 하루 썼던 나는 오랜만에 호지를 태우러 학교 앞으로 차를 몰고 나갔다. 친구들과 제법 긴 이별 인사를 나눈 호지가 차에 올라타려는데, 그 옆에 서 있는 파비엔느가 나의 눈에 들어왔다. 호지와 가장 친한 친구였다. 아버지는 프랑스 사람, 어머니는 미국에서 교육받은 대만 사람이어서 불어, 중국어, 영어에 능통한 아이였다.

"파비엔느. 집까지 태워다 줄게. 어서 타."

"감사합니다."

호지의 얼굴에 환한 미소가 피어올랐다. 마지막 이별의 순간에 가장 친한 친구와 조금이나마 더 함께 할 수 있게 된 것이다.

"가는 길에 빨간불이 많았으면 좋겠다."

호지가 수줍은 목소리로 속삭였다.

차 뒷자리에 앉은 호지와 파비엔느는 속닥속닥 재잘거리기 시작했다. 아마도 비를 맞지 않고 집에 가게 되어 기쁘다는 내용이었던 것 같다. 파비엔느의 집은 학교에서 그리 멀지 않았고, 야속하게도 신호등 빨간불은 많지 않았다.

파비엔느는 호지의 양볼에 다정하게 입을 맞추고는 떨어지지 않는 발걸음으로 집으로 들어갔다. 백미러로 흘끔 쳐다보니 호지의 손에 예쁘게 접힌 편지가 들려 있었다. 파비엔느가 쓴 이별 편지였다.

집으로 돌아오는 동안 호지는 편지를 읽기 시작했다. 얼마나 시간이 지났을까. 뒷자리에서 훌쩍거리는 소리가 들리기 시작하더니 어느새 제법 큰 울음소리가 되었다. 차 지붕에 떨어지는 빗방울 소리, 차창에 윈도 브러시 스치는 뽀드득 소리, 그리고 호지의 숨죽인 울음소리만이 차 안을 조용히 채우고 있었다.

어설픈 위로에 오히려 호지가 어색해할까 봐 나는 아무 말 안 하고 가만히 정면만 응시하고 있었다. 중2, 그것도 여중생에게 아빠는 말 한마디 한마디를 조심해야 할 것 같아서였다.

그 후, 나와 호지는 그날 이야기를 한 번도 하지 않았다. 뭐, 딱히 이유는 없었다. 그냥 하지 않았다.

다음 주 일요일에 만나…

첫째 딸 호비가 한국을 떠나서 다른 나라에 가자고 고집을 부리기 시작했을 때, 나의 직장이나 아내의 직장보다 더 걱정되었던 것은 둘째 딸 호지였다.

'언니의 고집 때문에 한국을 떠나게 되는 상황을 호지는 과연 어떻게 받아들일까?'

하지만 오히려 무덤덤하게 이별을 받아들이는 호지를 보며 한편으로는 대견하면서도 다른 한편으로는 안쓰러웠다.

"어차피 파비엔느도 내년 여름에 한국을 떠난다고 하더라고. 그냥 육 개월 먼저 헤어지게 되었다고 생각할래."

그렇게 2020년 1월, 우리 가족이 이곳 인도에 도착한 이후 호지에게는 중요한 일과가 하나 생겼다. 일요일 점심식사를 마치고 파비엔느와 화상통화를 하는 것이다. 일주일 동안 각자에

아이는 둘, 언어는 셋, 나라는 넷

게 있었던 이야기를 하나도 빠짐없이 꺼내놓기라도 하겠다는 태세로 몇 시간이 지나도록 문 밖으로 영어와 불어, 그리고 깔깔거리는 웃음소리가 그치지 않는다.

우리는 한국의 코로나 상황, 호지가 다녔던 서래마을 프랑스 학교의 최근 상황을 호지와 파비엔느의 대화를 통해 생생하게 전해들을 수 있었다.

파비엔느 아버지의 한국 근무는 예정대로 2020년 여름에 끝났고, 싱가포르로 발령 났다. 파비엔느의 식구들이 싱가포르에 정착한 이후에도 화상통화는 당연히 계속되었다.

"아빠. 파비엔느는 싱가포르에 있는 미국 학교 안 가고, 프랑스 학교 가기로 했대."

"아빠. 파비엔느가 코로나 검사를 받았는데, 콧구멍에 면봉이 쑥 들어와서 너무 아팠대."

"아빠. 파비엔느가…"

새롭게 옮겨간 학교에 등교도 제대로 못 해보고 몇 달째 온라인 수업만 받고 있던 파비엔느도 꽤나 친구가 그리웠나보다. 단 한 번도 거르지 않고 일요일마다 둘의 화상통화는 계속되었다.

아침 일찍 같은 교실에서 만나 서로 대화하고 부대끼며 그렇게 긴 시간을 같이 보내고 나서도 집에 갈 시간이 되면 아쉬워지는 게 학창 시절의 친구일 텐데 호지와 파비엔느의 육체는 작은 노트북 화면 속에 갇혀 있고, 이 둘 사이의 그리움과 아쉬움만이 전선을 타고 수천 킬로미터를 왕복하고 있는 것이다. 그렇게 그들 둘의 우정은 첨단 기술의 도움을 받아 '바다를 건너고 산을 넘어' 코로나 시대를 힘겹게 이겨내고 있는 것이다. 다음 일요일, 그리고 그 다음 일요일에 다시 만날 때까지…

"À dimanche prochain."(다음 주 일요일에 만나!)

너의 독창적인 생각을
──── 말과 글로 표현해봐

인생의 희로애락과 사회의 모순을 있는 그대로 보여주는 교육은 인도에 있는 미국 학교의 고등학교 과정에서도 그대로 이어졌다. 예를 들어, 둘째 딸 호지의 경우 9학년(한국으로 치면 중학교 3학년) 영어 수업시간에 〈생쥐와 인간〉을 읽었다. 영문학과를 나오신 한국 학부모 중 한 분이 "어머. 이거 내가 대학교 때 전공 수업시간에 읽었던 책인데"라며 놀라워하셨다. 책 분량은 짧았지만 내용은 만만치 않았다.

한 건도 아닌 두 건이나 되는 살인에 대한 생생하고 사실적 묘사, 대공황 시대 미국 남부 지역의 처절할 정도로 가난한 삶, 가감 없이 적힌 흑인에 대한 노골적 차별, 지능이 모자라는 남자 주인공을 성적 노리개로 삼기 위해 대놓고 유혹하는 유부녀까지…

책의 결말에서 남자 주인공이 또 다른 남자 주인공을 살해하는 장면이 어찌나 슬프고 잔인하게 묘사되어 있던지 호지는 울음이 터져 나와서 줌 화면을 잠시 꺼야만 했다고 고백했었다.

"나만 운 거 아니야. 나 말고도 울먹거리는 애들 몇 명 더 있었어."

요새 우리나라 학교의 문학 수업이 어떤지는 잘 모르겠다. 하지만 내 중고등학교 시절을 떠올려 보면 국어와 문학 그리고 한문시간까지 통틀어서 나를 울린 건 고사하고 감동시킨 작품이 단 한 작품이라도 있었나 기억이 잘 나지 않는다. 지금 다시 그 작품을 읽어본들 마찬가지일 것 같다.

가보기는 커녕 이름도 모르는 남의 나라 산에서 물줄기가 '비류직하삼천척飛流直下三千尺'으로 떨어지거나 말거나(이백 〈망여산폭포望廬山瀑布〉), 얄리얄리 얄랑성을 외치던 그 누군가가 청산에서 살거나 말거나(《청산별곡靑山別曲》), 규방의 친구들이 설령 일곱에서 여섯으로 줄었다 해도(《규중칠우쟁론기閨中七友爭論記》) 솔직히 울음이 터져 나올 것 같지는 않다.

하지만 국제학교의 영어 수업시간에는 목숨을 버릴 정도로 절절한 사랑(《로미오와 줄리엣》)이나, 질투에 눈이 멀어 아내를 죽인 남편(《오셀로》), 왕위를 찬탈했다가 몰락하는 폭군(《맥베스》)의 이야기가 수시로 등장한다. 때론 인종차별에 의연하게 저항하는 애티커스 변호사(《앵무새 죽이기》), 처절한 가난과 싸운 조드 가문 사람들(《분노의 포도》), 강제수용소에 갇힌 죄수(《이반데니소비치의 하루》)가 등장해서 학생들에게 끊임없이 질문한다.

"만약에 네가 나의 상황이면 너는 어떻게 할 거야?"

학생들을 극한으로 밀어붙여서 자신의 마음 속 깊은 곳을 들여다보게 하는 것이다.

이제 학생들은 어려운 질문에 답해야만 한다. 살인을 살인으로 복수하는 것이 정당한 것인지(《햄릿》), 에스페로를 향한 칼리반의 섬뜩한 분노가 과연 비난 받을 만한 것인지(《템페스트》), 샤일록은 과연 정당한 재판을 받은 것인지(《베니스의 상인》), 소라 고등은 야만의 사회에서 결국 무력한 것은 아닌지(《파리대왕》), 데이지의 우유부단한 사고와 행동을 어떻게 받아들여야 하는지(《위대한 갯츠비》) 등등…. 이쯤 되면 줄거리랑 작가 이름 외우고 사지선다형 문제만 달달 풀던 한국 학생들은 패닉에 빠지는 게 당연하다.

학년이 올라가면 상황은 더 심각해진다. 이번 연도에 첫째 딸 호비는 〈맥베스〉를 배웠다. 프랑스 초등학교 시절에 읽었던 줄거리를 다 까먹었다며 투덜거리더니 수업시간에 영화로 옮겨진 〈맥베스〉를 보면서는 다시 흥미를 찾은 듯했다. 하지만 행복한 시간은 오래 가지 않았다. 〈맥베스〉를 현대의 콘텍스트에 맞게 재해석한 7분짜리 연설문을 작성해서 동료 학생 앞에서 발표하는 시험을 보게 된 것이다. 전제 군주제로 대표되는 절대 권력이 어떤 폐해를 가지고 있는지, 현대 시대에도 유사한 독재자는 없었는지, 지금 미얀마에서는 무슨 일이 벌어지고 있는 건지, 이러한 독재체제를 예방하거나 무너뜨리기 위해서 무엇

이 필요한지…. 고등학생인 아이들이 이런 걸 혼자 힘으로 조사해서 영어로 연설문을 조!리!있!게! 써야 한다는 거다.

고생하는 호비가 안쓰러워 이러저러한 아이디어로 조금씩 도와줬다. 결국 며칠 동안 낑낑대며 고생하던 녀석은 삼권분립과 언론의 자유 그리고 시민사회의 적극적 참여가 중요하다는, 어찌 보면 뻔하지만 나름 스스로 고심해서 도출한 아이디어를 가지고 연설문을 쓰고, 다듬고, 다시 지우고, 고쳐쓰기를 지금 계속하고 있다. 그리고 실제 연설할 때 막히는 것을 방지하기 위해서 자기가 쓴 7분짜리 연설문을 통째로 외워야 하는 것은 마지막 화룡점정!

이쯤 되면 이건 영어 수업이 아니다. 거의 정치철학 수업이다. 민주사회를 살아가는 시민에게 무엇이 중요한지를 묻고 답하는 철학 담론의 수준이 된다. 내 학창 시절을 돌이켜보니 우리 세대가 했던 것은 그저 열심히 암기하는 것이었다. '나랏말쌈이 듕귁에 달아…', '강호에 병이 깊어 죽림에 누웠더니…' 당시 국어 선생님들에게 어찌나 지청구를 받으며 달달 외웠던지 지금도 기억나는 그 많은 구절들! 하지만 우리는 정작 그 수업에서 무엇을 질문하고, 무엇을 답했었나? 무엇을 고민하고, 무엇을 토론했었나?

이 글을 쓰는 내내 '내가 너무 서양숭배나 사대주의 사상에 빠진 건 아닌가? 우리의 국어시간에도 무엇인가 인생과 사회에 대해 배운 게 있지 않았을까?' 한참을 고민했다. 하지만 아무리 생각해봐도 내 결론은 달라지지 않았다. 다른 수업은 몰라도 우리 중고등학교의 문학시간에서는 수많은 '기능적 지식'을 묻고 답했지만, 정작 가장 중요한 질문을 묻고 답하지는 않았다.

그랬다. 우리는 우리 인생에 대해 묻지 않았으며, 우리 사회에 대해 의문을 제기하지 않았고, 우리의 현실을 비판적으로 돌아보지 않았으며, 우리의 미래가 어때야만 하는지를 그려보지 않았다. 안타깝게도 그저 객관식 문제로 주어진 보기 중에서 맞는 답을 찾기에 급급했었다.

그렇듯 스스로 비판적으로 사고할 기회를 가져본 적이 없는 우리 한국 학생들은 국제학교 수업시간에 커다란 벽을 마주하는 것이다. 때로는 셰익스피어의 우렁찬 목소리로, 때로는 J. D. 샐린저의 낮은 목소리로, 때로는 캐롤 앤 더피의 서늘한 목소리로 그 커다란 벽은 학생들에게 이렇게 묻고 있다.

"그래서, 너는 어떻게 생각하는데? 너만의 독창적인 생각을 말과 글로 표현해봐."

국제학교로 전학 오게 되었다고?
──── 그럼 이렇게 준비해

2021년 봄. 호비와 호지가 학교 홍보대사로 선발되었다. 각 학년별로 몇 명씩 뽑힌 홍보대사들의 가장 중요한 일은 학교에 새롭게 전학 오는 학생들의 적응을 도와주는 일이란다. 금년 가을학기에 새롭게 전학 올 학생 두 명이 호비에게 배정되었는데, 이 친구 중 하나(이름을 보니 한국 학생이다)가 학교생활에 잘 적응하기 위해 이번 여름방학에 뭘 준비해야 할지를 이메일로 물어왔다.

올해 10학년을 마치는 호비에게 배정된 그 학생은 오는 가을에 10학년을 새롭게 시작하는 학생이란다. 1년 선배가 1년 후배에게 학교 적응 꿀팁을 전해줄 수 있도록 학생을 배정한 것이었다.

그저께 저녁에 호비가 그 학생에게 무슨 말을 해주면 좋을지를 나와 호지(현재 9학년에 재학 중이다)에게 물었다. 이런저런 아이디어를 나누었고, 어제 호비가 그 학생에게 답장을 보냈다.

호비에게 양해를 구하고 그 학생에게 보낸 편지를 그대로 신기로 했다. 편지 속 이름만 삭제하고 원문을 거의 그대로 옮겼으며, 추가적인 설명이 필요한 부분은 설명을 덧붙였다. 중학교 고학년이나 고등학교 저학년까지 줄곧 한국에서만 학교를 다니다가 처음 국제학교에 진학해야 하는 학생들과 부모님께 작은 도움이 되면 좋겠다.

안녕, ○○야!

만나서 반가워.

일단 이번 여름방학 동안 10학년을 준비할 때 영어에 가장 집중하는 것을 추천해. 영어 수업은 누구에게나 다 어렵거든. 9학년도 마찬가지고, 10학년도 마찬가지고 영어 수업시간에 셰익스피어 작품 하나는 꼭 읽고 그 작품에 대한 에세이를 써. 예를 들어, 지금 9학년에 있는 내 동생은 〈Romeo and Juliet〉를 읽었고, 10학년에 있는 나는 〈Macbeth〉를 읽었어.

어떤 셰익스피어 작품을 읽을지는 매년 바뀌지만 〈Romeo and Juliet〉, 〈Macbeth〉, 〈Midsummer night's dream〉 이 세 개는 'Sparknotes'라는 사이트에서 등장인물, 줄거리, 주제를 꼭 파악하고 오는 것이 좋아. 내 친구는 〈Macbeth〉가 누구인지도 모르는 상태로 왔다가 책을 하나도 이해 못해서 많이 힘들어 했거든.

- 가장 먼저 명심해야 할 사항은 '국제학교 영어시간에는 영어를 가르치지 않는다'라는 역설적인 사실이다. 국제학교 영어시간에는 '영어로 쓰인 문학'을 가르친다. '문학' 수업을 준비해야 한다는 점을 절대 잊어서는 안 된다.
- 학교마다 제각각 다르겠지만, 국제학교의 경우 보통 8~10학년 영어시간에는 고전작품(고대 그리스나 로마 또는 길가메시 같은 고대 신화), 셰익스피어의 연극, 시(근대 또는 현대시), 그리고 현대소설 작품 등을 골고루 읽는다. 원어민 학생들을 포함해서 학생들이 가장 어려워하는 2개의 부분을 꼽으라면 단연코 '셰익스피어'와 '시'이다.
- 대개 중학교 고학년이나 고등학교 저학년에서는 셰익스피어 작품 중 그나마 조금 짧고 철학적인 깊이가 그리 깊지 않은 〈로미오와 줄리엣〉, 〈한여름밤의 꿈〉, 〈십이야〉, 〈맥베스〉 등의 작품을 읽는다.

수학이나 과학은 사실상 준비는 별로 필요 없어. 여기는 진도를 빨리 나가는 것에 중점을 두는 게 아니고 천천히 꼼꼼하게 나가는 편이어서 어려움은 별로 없을 거야. 이미 알 수도 있겠지만 여기 학생들은 모두 같은 계산기를 써. 이 계산기가 IB(국제 바칼로레아) 시험용 전문 계산기인데, 무조건 이 모델명으로 가지고 있어야 해. 학교에서도 팔기는 하는데 한국이 더 저

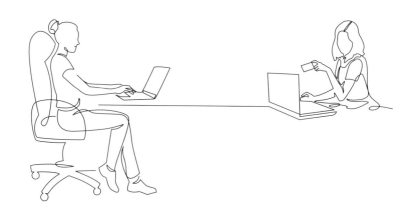

렴해서 이번 여름에 한국에서 구매하는 것도 괜찮을 것 같아. 내가 정확한 계산기 모델명과 사진을 첨부할게.

- IB를 주관하는 IB Board에서는 시험에서 사용할 수 있는 계산기를 지정해 놓았다. 국제학교에서도 당연히 해당 계산기의 사용을 권장한다. 입학 전에 학교에 문의하면 자세한 모델명을 알려준다.

역사는 한국에서 배우는 역사와 많이 달라. 안타깝지만 역사는 제2의 영어라고 생각해야 돼. 일 년 동안 에세이를 다섯 개정도 쓰는데 자료조사를 다 학생들이 해. 이 과목이 가장 자율적이지만 그만큼 처음엔 많이 어렵지. 하지만 미리 준비해 갈수가 없기에 도착해서 선생님한테 차근차근 물어보면서 배우면 돼.

- 호비와 호지는 영어만큼이나 역사를 힘들어 했다. 넓고 얕게 배우는 한국식 역사 수업과는 수업방식이나 평가방식이 확연히 다르다. 역사적으로 중요한 시기만을 집중적으로 공부하고, 또한 선생님이 일일이 역사적 지식을 떠먹여주는 방식이 아닌, 학생들이 주체적으로 정보와 지식을 찾아보는 방식을 채택한다. 마지막으로, 평가 역시 사지선다형 문제나 단답형 문제 같은 것이 아니라 1,000단어에서 2,000단어 내외의 에세이를 써야 한다. 좀 의욕적인 역사 선생님을 만나게 되면 역사적인 사건을 현대의 시사적 문제와 접목시켜 해석하는 융합적인 사고방식까지 요구받게 된다. 비석 이름 외우고, 책이름 외우고, 독립운동 단체의 설립연도를 외우던 단편적인 지식전달 위주의 역사교육 방식에 익숙해 있던 한국 학생들은 국제학교의 역사수업을 매우 어려워한다.

학교생활 팁을 주자면, 처음 왔을 때에는 힘들겠지만 외국인 친구를 빨리 그리고 많이 만드는 게 중요해. 학교에 한국 학생이 정말 많거든. 근데 대부분 한국인끼리 몰려다녀서 한국어가 꽤 자주 학교에서 들려. 한국인들끼리 다니는 게 나쁘다는 게 아니야. 단지 외국인 친구들을 만들면 영어도 훨씬 빨리 늘고 선생님들도 그런 학생을 더 좋게 평가해.

- 한국 학생들끼리 주로 몰려다닌다는 것을 선생님은 물론 외국 학생들도 다 알고 있다. 둘째 딸 호지가 처음 학교에 등교했던 날, 호지를 맞이하러 온 홍보대사(외국 아이였다)는 10분도 안 되는 짧은 설명을 건성으로 마치더니 "너는 어차피 한국 학생들하고 몰려다닐 거니까 너를 한국 애들 그룹에 소개해줄게"라고 이야기하고는 쌩하니 가버렸단다. 호지는 당연히 기분이 엄청 나빴다고 한다.
- 호비와 호지는 지금의 학교에 오기 전에 약 6년간 프랑스 학교에 다녔었기 때문에 외국 친구들을 사귀는 거에 부담감이 전혀 없었다. 하지만 한국 학교만 다니다가 처음으로 국제학교에 오는 학생들이라면 당연히 부담감을 가질 수 있을 것이다. 어쩔 수 없다. 처음 몇 주 동안 한국 학생들과 주로 어울리느냐 아니면 적극적으로 외국 학생들과도 사귀느냐가 그 학생이 학교에 머무르게 될 전체 기간 동안의 교우관계를 결정한다 해도 과언이 아니다.

두 번째 중요한 것은 수업시간에 참여하는 태도를 많이 보여야 해. 발표도 최대한 많이 하고, 또 이해 안 가는 부분이 있으면 선생님한테 수업 도중에 물어보거나 아니면 끝나고 물어보는 게 좋아. 여기 선생님들은 자기를 많이 찾는 아이들을 되게 좋아하시거든. 많이 메일을 보내거나, 질문을 하거나, 발표를 할수록 선생님이 점수 주시는 것에 대해 더 관대해지시고 점수를 더욱 잘 주셔.

여기까지가 나의 팁들이고, 언제든지 학교에 대해 궁금한 점 있으면 메일로 보내!

혹시 인스타해? 인스타로 연락하는 게 더 편리하면 @(호비가 자기 인스타 주소를 적었다)로 물어봐도 되고. 내 여동생이 너랑 같은 학년인데 동생한테 바로 물어보는 게 나으면 @(호지의 인스타 주소도 적었다), 여기로 물어봐도 돼!

- 역시나 '요새 아이들' 사이에서 대세는 인스타그램인가 보다.

내가 쓴 게 많은 도움이 되었으면 좋겠다.

지금까지 한국에서 쭉 살다가 해외로 온 게 처음이면 많이 두렵고 떨릴 수도 있지만, 여기 학교에 다 금방 적응하더라고! 재밌게 보낼 수 있을 거야. 기대해도 좋아!

그럼 이만!

피자 한 판 아끼면
받을 수 있는 승마 수업 ─────

우리 가족이 프랑스에 머물던 2014년에서 2016년의 기간 동안 금요일 저녁시간은 호비와 호지에게 가장 즐거운 시간이었다. 바로 승마 수업이 있었기 때문이다.

아이들의 승마학교는 파리 서부의 불로뉴 숲의 북서쪽 모서리에 자리 잡고 있었다. 집을 출발해서 10분만 운전하면 번잡하고 시끄러운 도시를 완전히 벗어나 조용하고 평화로운 불로뉴 숲에 진입할 수 있었다. 봄과 여름이면 예쁘게 지저귀는 새소리를 들으며, 가을과 겨울이면 창밖으로 스치는 시원한 바람 소리를 들으며 차를 몰다보면 고풍스러운 마구간이 줄지어 서 있는 건물이 눈에 들어온다.

승마학교는 일주일에 한 번, 한 시간 정도 수업이 이루어졌는데 정규 학교의 개학 시기인 9월에 맞춰 개강해서 이듬해 7월까지 약 40여 회의 수업이 진행되었다.

처음 파리에 도착해서 한국에서 해보기 어려운 즐거운 경험을 아이들에게 선물해주고 싶다고 생각하던 차에 우연히 승마

학교를 발견한 것은 정말로 행운이었다. 동물이라면 길바닥의 달팽이부터 동물원의 호랑이까지 가리지 않고 모두 좋아하는 호비와 호지는 단박에 오케이였다. 그렇게 아이들의 승마 수업은 시작되었다.

저렴한 수업료와 체계적인 교육 시스템도 인상적이었다. 40여 차례 진행되는 1년 수업료는 우리나라 돈으로 약 100만원. 한 번에 한 시간 동안 말을 타는 비용이 2만5천원 꼴인 셈이다. 피자 한 판 시켜먹을 돈을 아끼면 말을 한 시간이나 탈 수 있다니 신기할 따름이었다. 우리나라에서는 아버지가 웬만한 재력가가 아니면 꿈꾸기도 어려운 여가활동인데 말이다.

승마 수업은 상당히 체계화되어 있어서 매주, 그리고 매달 진행하는 진도가 나름 잘 짜여 있었다. 나중에 알고 보니 1년 동안 꾸준히 승마를 배운 아이들이 일종의 승마 자격증을 따는 국가공인 시험제도도 운영되고 있었다. 우리나라의 국기원에서 정기적으로 진행되는 태권도 승단심사와 다를 바가 없었다.

승마학교 수업이 시작된 첫 날. 20대 후반으로 보이는 젊은 여선생님이 호비와 호지의 담당 강사였는데, 어찌나 활력이 넘치는지 보고 있는 나까지 신이 날 지경이었다.

먼저 안장을 포함한 각종 장비를 말에게 어떻게 착용하는지, 재갈을 이용해서 말을 어떻게 원하는 방향으로 움직이게 하는지 등을 차근차근 가르치기 시작했다. 처음에는 말의 등에 안장 하나 설치하는 데에도 몇 분씩 걸리던 아이들이 한 주 한 주 지나며 장비 착용에 익숙해지면서 승마 수업도 점점 난이도가 높아져 갔다. 금세 말에 익숙해진 아이들은 본격적으로 말을 어떻게 하면 자신의 뜻에 따라 움직이게 하는지를 배우기 시작했다.

때로는 말을 천천히, 때로는 말을 빠르게 움직이도록 오로지 손으로 움켜쥔 고삐와 입에서 나오는 사람의 목소리만으로 완벽하게 조정할 수 있을 때까지 훈련은 반복적으로 계속되었다. 채찍이나 박차의 사용은 철저하게 금지되어 있었다. 물론 말들도 제각각 성격이 다를 수밖에 없어서 어떤 날은 호비와 호지는 물론 담당 강사의 말도 잘 듣지 않는 골치 아픈 말이 배정되기도 했다.

그럴 때마다 그러한 말에 배정된 아이들은 울상이었지만, 담당 강사는 단호했다. "온순하고 명령에 잘 따르는 말뿐만 아니라 그렇지 않은 말도 완벽하게 통제할 수 있는 능력을 길러야 한다. 그게 승마 훈련의 목적이다"라고 반복해서 소리치곤 했다.

흔하지는 않았지만 가끔 아이들이 말에서 떨어지는 경우도 있었다. 자신이 미숙해서 떨어지는 경우도 있었고, 말이 아이들의 명령에 복종하지 않아서 떨어지는 경우도 있었다.

부모들은 2층에 설치된 관중석에 앉아 아이들이 승마 수업을 받는 것을 지켜보며 간단하게 차나 커피를 마시곤 했었는데, 그럴 때마다 짧게 탄식이 나올 뿐 아빠나 엄마가 호들갑스럽게 "아이고, 우리 애기 어디 안 다쳤어?"라며 뛰어 내려가는 일은 없었다.

말에서 떨어진 아이도 아무렇지 않은 듯 툭툭 털고 일어나 다시 말에 올라탔고, 승마 강사 역시 "말에서 떨어졌다가 다시 올라타는 것 역시 수업의 중요한 일부분이다"라며 아이들에게 겁을 먹지 말라는 말을 되풀이해서 소리치곤 했다.

"네가 겁먹었다는 걸 말이 눈치 채는 순간 더 이상 네가 말을 지배하는 게 아니라 말이 너를 지배하게 되는 거야. 겁먹지 마!"

처음 몇 달 동안 천천히 말을 타고 걷는 훈련이 지속되나 싶었는데, 어느 순간부터는 속보gallop 훈련이 시작되었다. 옆에서 지켜보기에도 꽤 빠른 속도로 말이 달려 나가는데 호비와 호지를 비롯한 아이들이 때로는 조금 위태롭게, 때로는 제법 능숙하게 말을 다루기 시작했다. 첫 속보 수업을 마친 직후 호비와 호지의 외침을 아직도 잊을 수 없다.

"아빠, 너무 무서웠는데 또 너무 재미있었어!"

벌겋게 상기된 아이들의 얼굴빛만으로도 아이들이 얼마나 수업을 즐겼는지를 알 수 있었다.

언젠가 승마가 엄청난 운동량을 자랑하는 고강도 체력운동이라는 이야기를 듣고는 '설마 그럴 리가…'라고 의심한 적이 있

었는데, 수업을 마친 아이들을 보면서 그 말을 이해하게 되었다. 오로지 양쪽 허벅지의 힘만으로 자신의 몸을 말에 밀착시킨 후 한 시간 동안 쉬지 않고 말의 움직임에 맞춰 자신도 움직여야 하니 운동량이 가히 살인적이었다. 여름이면 수업이 끝나고 나오는 아이들은 문자 그대로 땀범벅이었고, 한겨울에도 승마 모자와 재킷을 뚫고 아이들 몸에서 아지랑이처럼 피어오르는 열기를 보면서 놀란 적이 한두 번이 아니었다.

수업을 마치고 돌아오는 차 안에서도 아이들은 그날의 승마 수업을 복기하면서 수다를 멈추지 않았다. "오늘은 명령을 잘 따르는 말을 배정받아 한 시간 내내 즐거웠다", "오늘 속보 훈련에서는 말이 평소보다 빨리 달려서 신났었다", "속도 조절을 못해서 앞서 달리는 말과 부딪칠 뻔했다" 등등…

2년이 조금 넘게 진행된 아이들의 승마 수업은 장애물 뛰어

넘기 수업이 한창 진행되던 도중에 멈출 수밖에 없었다. 우리 가족이 한국으로 귀국하게 되었기 때문이다.

한국에 귀국한 이후에도 호비와 호지는 종종 프랑스에서의 승마 수업을 기억하며 즐거운 추억에 빠져들곤 했었다.

인간과 가장 친밀하게 교감하는 동물은 무엇일까? 대부분의 독자들은 아마 개나 고양이를 떠올릴 것이다. 충직하게 주인을 따르는 개, 귀여움에 있어서는 두말하면 잔소리인 고양이는 인간과 가장 친밀한 동물일 것이다.

하지만 우리 가족은 프랑스에서 아이들에게 승마 교육을 시키면서 '동물과 교감한다는 것'에 대한 생각이 조금은 바뀌었다. 인간과 말의 관계는 한 존재가 다른 존재에게 맹목적으로 충성하거나, 반대로 한 쪽이 다른 쪽에게 일방적인 사랑을 쏟아 붓는 그런 관계는 아니다. 비록 사람이 말 위에 올라타서 말에게 명령을 내리지만, 그 명령이 정확하거나 단호하지 않으면 언제든지 말에게 무시당하거나 심지어는 말에서 떨어지기도 한다. 자칫하면 사람뿐만 아니라 말까지도 크게 다치게 된다.

아이들 또한 말에게 무시당하거나 심지어 낙마하는 다양한 좌절의 경험을 통해 일방적이고 맹목적으로 동물을 사랑하는 것이 아닌, 책임 있고 단호하게 동물을 대하는 법을 배우고 있었다.

또한 안장과 고삐를 포함한 장비를 정확하게 설치하거나 사용하지 않으면 사람은 물론 말에게도 부상의 원인이 될 수 있다는 점, 훈련이 모두 끝나서는 말에게 잊지 않고 고마움의 표시를 해야 한다는 점도 배워가며 작지만 중요한 교훈들을 얻곤 했었다.

지금도 아이들이 가장 그리워하는 시간은 승마 수업이다. 학교에서 일주일 내내 받았던 엄청난 스트레스를 한 번에 날려 보낼 수 있는 귀한 기회이자, 동물과 깊이 교감하고 동물과 한 몸처럼 움직이는 신비하고도 아름다운 경험을 할 수 있는 흔하지 않은 시간이었기 때문일 것이다.

아이들은 언젠가 기회가 되면 다시 한 번 말을 타고 싶어 한다. 물론 그 소원이 한국에서는 이뤄지기 쉽지 않겠지만 말이다.

코로나 시국에
─── 수영 수업을 하겠다고?

프랑스에서 수영 배우기

2014년 가을, 개학과 동시에 시작된 프랑스 학교에서의 수영 수업 방식은 엄격함을 넘어 살짝 가혹하기까지 했다. 아이들을 자신의 키보다도 깊은 차가운 물속에 밀어 넣고는 10분간 버둥거리게 내버려두는 게 '준비운동réchauffement'이었다. 혈액을 빠르게 순환시키면 물이 차갑게 느껴지지 않는다는 신박한 논리였다.

약 90분간 진행되는 수업 내내 학생들은 물 밖을 나오는 것은 고사하고 수영을 멈출 수도 없었다. 지친 학생이 수영장의 레인이나 모서리를 잡으면 예외 없이 선생님들의 불호령이 떨어졌다. 학부모 중 한 명(아마 호주 사람이었던 것으로 기억한다)은 학부모들끼리 모인 자리에서 "트럭에서 모래를 쏟아내듯이 수영장에 아이들을 밀어 넣고는 강압적으로 수영을 가르친다"라고 불평할 정도였다.

일주일에 한 번, 수영장까지의 왕복시간을 합치면 꼬박 반나

절을 할애하는 스파르타식 수업. 수영 수업이 있는 날이면 호비와 호지는 녹초가 되어 저녁 숟가락을 놓자마자 곯아떨어지곤 했다.

몇 주 지나지 않아 호비의 담임선생님으로부터 면담 요청이 왔다. 근심스러운 마음으로 학교로 찾아갔더니 뜻밖의 말을 꺼내놓는다.

"호비의 수영 실력이 동급생에 비해 부족합니다. 수영 수업을 추가로 더 들어야 할 것 같습니다. 그 대신 불어 수업을 좀 줄여야겠습니다."

허탈함을 넘어서 살짝 어이가 없어졌다. 하루라도 빨리 불어에 익숙해져도 모자랄 판에 불어 수업시간을 줄인다는 것이다. 그것도 체육 수업을 위해. 하지만 우리 부부는 흔쾌히 학교의 결정에 동의했다. 그 해 4월 16일 전남 진도 앞바다에서 304명의 꽃다운 목숨을 앗아간 엄청난 사건의 충격이 생생했기 때문이다. 호비는 이제 일주일에 두 번 수영 수업을 듣게 되었다.

아이들의 수영 실력과 기초체력은 하루가 다르게 늘었다. 애들이 말하는 걸 가만히 들어보니 이제는 수영 수업에서도 웬만한 서양애들을 가볍게 제치는 눈치였다.

"애들 배에 '임금 왕王'자 모양의 근육이 생겼어. 이러다가는 남자애들 되는 거 아냐?"

어느 날 아이들 목욕을 마친 아내가 말했다. 겉으로는 걱정하는 듯한 투정이었지만 하루가 다르게 건강해지는 아이들의 모습에 내심 행복한 미소가 아내의 입가에 스쳤다.

아이들의 수영 수업은 내용 면에서도 상당히 체계적이었다. 수면 위에서 최대한 체력 저하 없이 떠있는 자세부터 시작해서 자유형은 물론 배영, 평영, 접영 등 네 가지 수영법을 모두 가르쳤다.

더욱 놀라웠던 것은 수영 수업의 마지막 내용이 수상 구조법이라는 점이었다. 처음에는 아이들 몸무게와 비슷한 더미dummy 인형을 구조하는 법을 반복 훈련시키더니 마지막에는 2인 1조로 서로 구조자와 피구조자가 되어 구조하는 훈련을 반복적으로 시킨다는 것이었다. 뒤통수를 한 대 맞은 듯했다. 단순한 체육 수업이 아니었다. 자신은 물론 다른 사람의 목숨을 구하는 법을 배우는 수업이었던 것이다.

물에 대한 두려움도 없어 수영을 상대적으로 더 좋아했던 호지는 프랑스를 떠나 한국으로 돌아오면서 수영 수업을 들을 수 없다는 사실을 많이 아쉬워했었다. 처음에는 물을 무서워했던 호비도 프랑스 생활에서 얻은 가장 소중한 두 가지는 불어와 수영이라고 말할 정도로 수영 수업을 그리워했다.

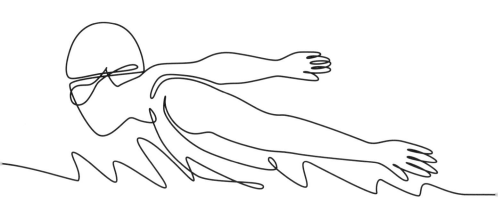

코로나 한복판에서 수영 수업

2021년 1월, 호지가 재학 중인 9학년을 대상으로 체육시간에 수영 수업을 하겠다는 학교의 안내 메일이 도착했다. 코로나가 한창인 이 시기에 다른 나라도 아닌 인도 한복판에서, 다른 운동도 많은데 하필 수영이라니…

"지금 같은 시기에 꼭 수영 수업을 할 필요가 있느냐? 다른 종목을 가르치는 게 어떻겠냐?"

살짝 겁이 나서 학교 교감선생님에게 문의 편지를 썼다. 하지만 정작 호지의 반응이 의외였다.

"코로나 때문에 불안한 사람은 수영 대신 개인별 PT를 해도 된대. 근데 오랜만에 수영 한 번 해보고 싶어. 해보고 나서 불안하면 그때 선생님한테 양해 구하고 개인별 PT 해도 될 거 같아."

말은 그렇게 했지만 이미 호지는 수영 수업을 끝까지 듣고 싶다고 마음을 굳힌 눈치였다. 코로나가 무섭다며 등교할 때를 빼고는 몇 달째 집 밖에도 안 나가더니 수영은 꽤나 하고 싶었나 보다.

수영 수업이 있던 첫날, 평소 같으면 한참을 깨워도 일어나지 않던 호지는 누가 깨우지도 않는데 아침 일찍 일어나 콧노래를 부르며 책가방에 수영복 가방까지 챙겨서 학교로 향했다.

수영장이 제대로 소독이나 되었을지, 사회적 거리두기는 제대로 지켜질지, 혹시라도 같이 수영 수업 듣는 애들 중에 무증상 감염자라도 있지는 않을지… 하루 종일 불안하고 찜찜한 마음에 회사 일이 손에 잡히지 않았다.

그날 저녁, 식탁에 앉은 호지에게 수영 수업이 어땠는지 물었다.

"20명 중에 나 포함해서 6명만 수영했고, 나머지는 개인별 PT 했어. 많이들 불안한가 봐. 근데 오랜만에 수영하니까 너무 좋았어."

하루 종일 마음 졸인 부모의 속도 모르고 호지는 활짝 웃으며 대답했다. 옆에서 듣고 있던 호비도 "우아, 재미있었겠다"라며 부러운 듯 맞장구를 쳤다. 지난해 3월부터 코로나 상황이 악화되면서 정작 첫째 딸은 수영 수업을 듣지도 못하고 9학년을 마친 터였다.

불행인지 다행인지 모르겠으나 두려움과 걱정도 시간이 지나면서 조금씩 무뎌졌다. 인도가 더운 나라이긴 해도 2월과 3월의 아침에는 제법 선선한데, 호지는 춥다는 불평 한마디 없이 실외 수영장에서 진행된 수영 수업을 들었다. 수업은 3월 말에 무사히 끝났고, 호지는 9학년 중에서 수영 수업을 끝까지 수강한 유일한 한국 학생이 되었다. 다른 한국 학생들은 감염 위험 때문에 수영장 근처에 얼씬도 하지 않은 모양이었다. 우리 네 식구 중 가장 겁이 많아서 집 밖으로 잘 나가지도 않는 둘째 딸이 졸지에 학교에서 가장 용감한, 아니 가장 무모한 한국 학생 자리에 등극한 것이다.

"오랜만에 하는 데도 내 수영 실력이 녹슬지는 않았더라고. 혹시라도 엄마 아빠가 물에 빠지면 내가 구해줄게. 걱정하지 마."

"야야, 됐다. 엄마 아빠 구하기는 개뿔. 지들만 살겠다고 엄마 아빠 버리고 갈 거면서."

언제까지나 어린아이인 줄만 알았는데 둘째가 갑자기 제법 어른스러운 소리를 하자 멋쩍어진 아내가 한마디 던졌다. 둘째는 슬쩍 눈을 흘기더니 식탁에서 일어섰다. 저녁식사를 마치고 자기 방으로 돌아가는 둘째의 뒷모습을 보니 어느새 키가 한 뼘은 커진 것 같았다. 가슴 한편이 뭉근해졌다.

아이들이 집 밖에
────── 안 나간 지 한 달이 넘었다

    2021년 5월, 호비와 호지가 집 밖으로 안 나간 지 한 달이 넘었다. 문자 그대로 현관문 밖으로는 단 1센티미터도 내딛지 않고, 지난 4월 19일부터 오늘까지 한 달이 넘는 긴 시간을 집 안에서만 지내고 있다. 그렇다고 두 아이들이 사회나 학교에 적응하지 못한 소위 '히끼꼬모리(은둔형 외톨이)'는 아니다. 5주 전에 학교가 전면 온라인 수업으로 전환한 이후 아이들은 온라인 수업에도 계속 참여하고 있고, 숙제도 꼬박꼬박 제출하고 있다.

    하지만 아이들은 지금 심신이 너무나도 지쳐 있다. 매 순간 짜증과 불만으로 가득 차 있다. 한 달이 넘게 자기 방과 거실만을 오가는 답답한 생활을 이어가고 있으니 그럴 만도 하다는 생각이 든다. 잠깐이라도 밖에 나가서 바람이라도 쐬면 좋지 않냐고 말하려다가도 이내 단념하고 만다. 왜냐면 이곳은 인도이기 때문이다.

    뉴델리 주정부가 폭발적으로 증가하는 코로나 확산세를 꺾기 위해 4월 19일에 통행제한령^{curfew}을 발표했다. 각급 학교가 등

교를 제한하면서 호비와 호지가 다니던 학교도 자연스럽게 휴교에 들어갔다. 그렇지 않아도 학교에 등교하는 것 이외에는 집 밖에 나갈 일이 없는 나라가 이 나라인데, 집 밖을 나갈 유일한 이유가 사라져 버렸다.

3월만 되어도 30℃를 훌쩍 넘는 폭염에, 외교 공관과 외국계 기업 주재원 그리고 현지에서 돈 좀 있다는 소리를 듣는 사람들이 모여 사는 우리 동네도 집 밖에만 나서면 소와 개가 거리를 활보하고, 동물들의 배설물이 여기저기 널브러져 있다. 1970년대와 1980년대를 경험한 나와 아내는 '이 정도 악취쯤이야' 하면서 동네 시장에라도 잠깐씩 다녀오곤 하지만, 감수성 예민한 십대 소녀에게는 '어머머, 이건 정말 아니야'일 수밖에 없다. 게다가 코로나 확진자 수는 세계 1등을 달리고 있고, 우리 교민과 주재원 중에서도 안타까운 사망자가 발생하고 있으니 밖에 나가고 싶다는 생각이 들면 그 사람이 이상한 거다.

아이들이 질색하는 게 하나 더 있다. 이곳 인도인들은 거의 예외 없이 상대방을 뚫어지게 쳐다보는 꽤 기분 나쁜 버릇들을 가지고 있다(유튜브에서 Russel Peters라는 인도계 캐나다 국적의 코미디언이 인도인들의 이러한 버릇에 대해 꽤 신랄한 농담을 한 것을 본 기억이 있을 정도이다). 만약 그 대상이 '외국인 여성'이면 그들의 관심은 몇 배 올라간다. 두세 번 나랑 아내와 같이 집 앞 공원에 산책을 나갔던 아이들은 자신들을 향해 쏟아지는, 좀 더 정확히 말하면 자신들의 '신체'를 향해 쏟아지는 인도 현지인들의 불쾌한 시선 테러에 질려서 "더 이상 산책 안 하겠다"라고 일찌감치 선언한 지오래다.

그러다 보니 이제 아이들에게 이 집은 한편으로는 든든한 성채이자 다른 한편으로는 나갈 수 없는 감옥이 되었다. 아주 가끔 미세먼지 지수가 낮은 날이면 호비는 자신의 아이폰을 들고 커다란 거실 창문 밖을 바라보며 사진을 찍는다. 밖으로 걸어나갈 용기는 없지만 감옥 밖의 세상이 궁금하니 매번 똑같은 거리의 사진을 찍으면서 자신의 마음을 달래는 것이다. 그 뒷모습을 바라보면 나도 마음이 편하지 않다.

학교가 온라인 수업으로 전환되면서 학생들은 물론 몇몇 선생님들마저 비행기를 타고 각자의 고향으로 떠나기 시작했다.

빈자리가 늘어날 때마다 아이들은 말수가 줄어들었다. 아이들은 5월 중에라도 한국에 가고 싶어 했다. 하지만 아내는 하늘이 두 쪽 나도 아이들이 결석하는 것을 용납하지 못했다. 아이들 학기가 마무리되는 5월 말에 뉴델리를 떠나는 전세기를 예약한 이후 두 딸은 지금 1년 6개월 만에 드디어 한국으로 휴가를 가게 될 꿈에 부풀어 있다.

하지만 인도는 모든 게 다 끝날 때까지 절대로 안심할 수 없는 나라이다. 작년 여름에도 모객 절차를 진행하던 전세기가 무슨 이유에선지 출발 전에 인도 당국의 운행 불허 결정으로 한국으로 가지 못한 경우가 있다고 전해 들었다. 운항 며칠 전에 갑자기 탑승 인원수를 제한하는 바람에 몇몇 승객들은 급하게 직항 전세기가 아닌 환승편으로 갈아타느라 생고생을 한 경우도 부지기수였다고 한다.

이런 사정을 잘 아는 아이들은 지금 하루하루 출소를 기다리는 죄수의 심정으로 조마조마하게 지내고 있다. 그럴 리야 없겠지만 혹시라도 PCR 검사에서 우리 식구 중 누구 하나라도 양성이 나오지는 않을지, 인도 당국의 운행허가는 제대로 나올지, 비행기는 예정대로 인도에 오기나 할 건지, 비행기가 무사히 인도를 떠날 수는 있을지… 뭐 하나 확실한 게 없는 이곳 인도에서 아이들의 시간은 지금 너무나도 천천히 흐르고 있다.

아이들이 내 단점을
──── 닮았다는 걸 느낄 때

지난 월요일, 내가 재택근무할 순서가 된 김에 아이들 등굣길에 동행했다. 집에서 아이들 학교까지는 자동차로 약 10분. 수업은 8시 30분에 시작하지만 대부분의 아이들이 델리 시내의 교통 체증을 피해 8시를 전후해서 등교한다. 아이들을 학교에 내려주고 집에 돌아와도 8시 30분까지는 충분히 돌아올 수 있는 거리이다. 아침 산책 대신에 아침 드라이브에 나선 셈 치고 차에 올랐다.

학교 앞에 도착했는데 뒷자리에서 호비가 수선스럽게 책가방 여기저기를 뒤지기 시작한다.

"아빠, 테스트 키트 안 가져왔어."

"잉? 그게 무슨 소리야. 너 오늘 아침에 검사했잖아. 어디에 넣어놨어?"

"분명히 넣었는데 없어."

아이들이 다니는 학교는 미국계 국제학교. 12세 이상은 코로나 접종을 마무리한 미국계, 영국계, 이스라엘계 학생들이 대

다수를 차지하는 학교이다 보니 지난 8월 둘째 주에 전면 개학을 단행했다. 접종을 받지 못한 나머지 아이들은 매주 월요일 아침마다 학교에서 나눠준 항체검사Antigen Test 키트를 이용해 검사를 한 후 그 검사 키트를 교문에서 제시해야만 학교에 등교할 수가 있다. 말하지면 학교에 들어갈 수 있는 입장권이라 할 수 있는데, 그 검사 키트를 못 찾겠다는 것이다.

어이가 없다 못해 살짝 짜증이 나기 시작했다. 아침에 일어나 거울 앞에서 이 옷 저 옷을 입어보며 부산을 떨던 첫째 녀석이 자기 방에 있는 공기청정기와 선풍기도 끄지 않고 집을 나설 때까지는 그래도 참아줄 만했는데, 코로나 테스트 키트를 안 가져왔다는 말에 나도 짜증을 참지 못하고 결국 한마디를 내뱉었다.

"너는 도대체 정신을 어디에 놓고 다니는 거야?"

아이들을 등교시키기 위해 다른 집 차들도 계속 교문 앞에 몰려들고 있었다. 우리 차만 교문 앞에 주차시켜 놓고 있을 수 없어서 어쩔 수 없이 차를 움직여야 했다.

'학교에 못 들어가면 어쩌나? 다시 집에 가서 테스트 키트를 찾아와야 하나?'

찜찜한 마음에 집에 가지도 못하고 아이들을 곁눈질로 바라보며 주춤거리고 있는데 둘째 딸 호지에게서 전화가 왔다.

"아빠, 언니가 교문 지키는 선생님한테 사정 설명하고 학교에 잘 들어왔어. 걱정 마! 선생님이 내일은 잊지 말고 테스트 키트 꼭 가져오라고 했어."

사실 어린 시절 나의 건망증도 첫째 딸 호비보다 심하면 심했지 결코 덜하지 않았다. 학교에 챙겨갈 준비물을 잊어먹는 것은 다반사였다. 시부모를 모시며 아침부터 맞벌이까지 해야 했던 어머니께서는 일찍부터 나에게 "네가 알아서 네 일을 챙겨야 한다"라고 가르치셨지만 소용이 없었다. 미술시간이나 음악시간에 필요한 단소, 피리, 물감이나 물통 같은 준비물을 까먹는 일은 비일비재했고, 숙제를 잊어먹는 바람에 아침에 일어나 초치기로 숙제를 하는 일도 많았다.

"너는 도대체 정신을 어디에 놓고 다니는 거니? 너는 전쟁이 터져도 총을 깜빡하고 안 가져갈 녀석이다."

군대를 갔다 오신 것도 아닌데 어머니는 어디서 이렇게 찰떡 같은 비유를 배워 오셨는지 내가 뭔가를 깜빡할 때마다 항상 나를 혼내시곤 했다. 그럴 때마다 나는 넉살도 좋게 "에이. 전쟁 나면 총이야 챙기겠지 설마 그걸 안 챙기겠어요?"라고 되받아치곤 했다.

나의 건망증을 꼭 빼닮은 첫째 녀석은 매일매일이 덜렁덜렁 투성이다. 아침마다 "내 핸드폰이 어디 있지?", "내 시계가 어디 있나?", "내 맥북 어디 있어?"를 외친다. 아내의 잔소리도 매일매일이 비슷하다. "호비야. 공기청정기랑 선풍기 끄라고 엄마가 얘기했어 안 했어?", "호비야, 도시락 챙겨야지.", "호비야, 너 마스크 깜빡했잖아!" … 한바탕 소동이 끝나야 집을 나설 수 있다.

그럴 때마다 나 역시 어렸을 적 내가 어머니에게 들었던 꾸중을 내 자식에게 똑같이 되풀이하고 있다.

"너는 도대체 정신을 어디에 놓고 다니는 거야?"

내가 아무리 옆걸음질 치더라도 내 자식은 똑바로 걸으면 좋겠는데, 내가 아무리 '바담풍' 하더라도 내 자식만큼은 '바람풍'이라고 똑바로 읽었으면 좋겠는데 그게 참 내 뜻대로 안 된다.

다만 한 가지 다행스러운 것은 자기에게 어떤 문제가 닥쳤을 때 당황하지 않고 나름 잘 해결해낸다는 것이다. 기억력은 좀 뒤떨어지게 타고났지만 협상 능력 내지는 상황 대처 능력은 그럭저럭 나쁘지 않게 태어난 것 같아 다행이다. 아빠의 도움도 요청하지 않고 자기가 먼저 선생님에게 사정 설명하고 선생님을 설득해서 학교 교문을 통과했으니 말이다.

집에 돌아오자마자 아이 방에 들어가 봤다. 오늘도 호비의 방은 발 디딜 틈조차 없을 정도로 어수선하다. 그 와중에 책상 위에 예쁘게 놓여 있는 하얀색 테스트 키트! 차 안에서 "분명히 넣었어"라고 자신 있게 외치던 호비의 얼굴이 생각나 다시 한 번 어이가 없어진다.

이제 모든 퍼즐 조각이 맞춰졌다. 등교를 서두르던 호비는 코로나 테스트까지는 마쳤지만 키트를 가방에 넣지 않고 책상 위에 고이 모셔 놓고 학교로 간 것이었다. 그 테스트 키트가 말이라도 할 수 있었다면 아마 이렇게 말하지 않았을까?

"어쩌면 좋아요? 건망증 많으신 주인님이 저를 잊어먹고 그냥 나가버리셨어요. 우리 주인님은 무사히 학교 교문을 통과하신 걸까요? 흑흑흑…"

딸이 〈코스모스〉를
읽기 시작했다 ——————

인구가 2만 명 남짓 되는 읍론 소재지에서 태어난 나에게 고
향은 '떠나고 싶은 곳'이었다. 자전거를 타면 동네 이쪽 끝에서
저쪽 끝까지 10분이면 닿을 수 있는 시골 마을. 집 밖으로 나
서기만 하면 어김없이 마주치는 동네 어른들, 끝없이 마주치는
그 분들에게 수십 번 인사하지 않고서는 길을 걷는 것조차 불
가능한 숨 막히는 작은 동네… 더 넓은 세상을 경험해보고 싶
다는 동경이 한없이 커져 갔다.

나는 내가 이렇게

진짜 (우주비행) 임무를 위해

우주에 오리라고는 꿈도 못 꾸었지…

내 고등학교 동창들 대부분은

고향마을도 떠나지 않았는데

나는 이곳 우주에 와 있어…

I never dreamed that

I'd ever get to this

something like this

— come up here on a real mission.

Most of the guys

I graduated high school with

never even left home…

and here I am.

다행히 운이 좋아 고등학교는 좀 더 큰 도시에서, 대학교는
서울에서 다녔다. 깡촌 출신 우물 안 개구리에게 '인 서울' 대학
이라니… 기적이었다.

영화 〈아폴로 13호〉에 등장한 우주 비행사 프레드 하이즈Fred
Haise의 대사는 열아홉 살에 상경해서 지하철을 처음 타본 시골
뜨기에게 '아, 이건 내 얘기다'라는 감탄을 불러일으킬 만했다.
같은 중학교를 졸업한 친구 중에 고향을 떠난 애들을 한 손으
로도 꼽을 만했던 나는 그때부터 우주까지는 아니어도 다른 세
계를 꿈꾸기 시작했다.

감사하게도 대학을 졸업하고 운 좋게 '4대 보험도 되고 월급
도 꼬박꼬박 나오는' 지금 직장에 취업했다. 가난하고 후진 동

네를 탈출했다는 오만한 생각에 어깨가 우쭐해졌다. 변호사가 되고 의사가 된 소위 '잘 나가는' 동창들만큼은 아니어도 어디 가서 이름 대면 그래도 '아, 그 회사'라고 알아주는 회사라는 것도 은근히 기분 좋았다. 치열한 회사 내부 경쟁을 뚫고 해외 주재원으로 선발되어 근무하면서 콧대 꽤나 높아졌었다.

하지만 세상 모든 일과 마찬가지로 회사생활에서도 얻는 것이 있으면 잃는 것도 있는 법. 내가 두 번의 선진국 생활을 '꿀 빨며' 즐기고 있는 동안 묵묵하게 본사에서 궂은일을 하던 동료들이 하나둘 나보다 먼저 승진하기 시작했다. 그리고 언제부터인가 나에게는 이도 저도 아닌 어정쩡한 인사평가 등급이 통보되고 있었다. 아무도 나에게 말해주지는 않았지만 회사의 메시지가 뭔지 짐작이 갔다.

내 기억이 닿는 인생의 첫날부터 지금까지 마치 끝도 없는 사다리를 기어오르듯, 물살을 거슬러 올라가는 뱃사공의 심정으로 하루도 쉬지 않고 노를 저으면서 살아온 것 같은데… 허탈한 느낌이 들었다.

"아, 이대로 그냥 경쟁에서 밀려나는 건가?"

하필 그 시기에 첫째 딸은 다시 한 번 해외에 나가자고 보채기 시작했다. 내 속도 모르면서 말이다. 여기서 한 번 더 해외 근무를 나가게 되면 본사에서 자리를 지키고 있는 사람들과의 경쟁에서 완전히 밀려나게 될 거라는 게 자명했다. 딸의 말만 듣고 자청해서 사회생활의 무덤을 파고 들어갈 수도 없었고, 그렇다고 딸이 저렇게 간절히 원하는데 모른 척할 수도 없었다. 난감했다. 게다가 나갈 수 있는 나라도 후진국 밖에 없다는 점 또한 마음에 걸렸다.

한참을 고민하던 나에게 명쾌한 대답을 제시해준 사람은 언제나 그렇듯 아내였다. 세속적인 성공에 아등바등하지 않고, 새로운 세계에 대한 두려움도 없는, 그리고 아직도 소녀와 같은 호기심과 맑은 심성을 지닌 사람의 조언은 한마디 한마디가 따뜻하고 지혜로웠다. 그렇게 우리 가족은 2020년 1월 인도에 도착했다.

물론 인도에 도착한 지 약 1년 반이 지난 지금, 처음에 예상했던 상황과는 너무나도 많은 것이 달라져 있다. 아이들을 국제학교에 보내는 것 빼고는 모든 면에서 부족한 것 투성이인이 나라에 승진도 포기하고 온 셈인데, 코로나 사태로 인해 모든 것이 뒤죽박죽이 된 것이다.

아이들이 제대로 학교에 간 날은 손으로 꼽을 정도이고, 하루에도 몇 시간씩 줌으로 온라인 수업을 듣는 아이들은 짜증과 스트레스로 가득 차 있다. 아내는 '밥 먹고 돌아서면 또 밥해야 되는' 하루하루를 보내며 힘겨워하고 있고, 나 또한 눈에 보이지도 않는 바이러스의 공포와 싸우며 출퇴근을 하느라 신경이 바짝 곤두서 있다. 사실상의 자택 격리를 1년 넘게 견뎌내고 있는 우리 가족의 생활은 궁상맞고 살짝 서글프기까지 하다.

하지만 최대한 긍정적인 마음을 유지하려고 노력하고 있다. 몇 년 후 대학에 들어가면 이제 자기 또래 친구들하고 어울리느라 엄마 아빠는 안중에도 없을 아이들이다. 그런 아이들과 이렇게 꼭 붙어서 하루 24시간을 보낼 수 있는 것은 지금이 거의 마지막 기회가 아닐까 생각한다. 다른 집에서는 고등학생 딸이 아빠한테 말도 걸지 않는다는데 아직까지도 아빠한테 이런저런 말도 걸어주고, 보드게임에도 끼어주고, 몇 번을 듣고서도 기억 못하는 아이돌 그룹 멤버 이름을 물어볼 때마다 다시 가르쳐주는 착한 두 딸들에게 고마워하며 하루하루 지내야겠다.

첫째 딸 호비가 어찌나 심심했는지 책꽂이에 꽂혀 있는 〈코스모스〉를 집어 들어 읽기 시작했다. 내 젊은 시절 처음 읽고

받았던 신선하고 감동적인 충격을 잊을 수 없는 인생 최고의 책을 아이들과 같이 공유하게 되었다 생각하니 기분이 좋아졌다. 과학을 좋아하는 둘째 딸이 먼저 읽고는 과학을 딱히 좋아하지 않는 자기 언니에게 "언니는 잠 안 올 때 읽으면 도움이 될 거야"라고 추천해줬단다.

이제 나는 우주로 갈 일도 없고, 우주로 가기 위해 더 이상 악다구니치며 살 일도 없을 거 같다. 그저 지금의 이 순간을 행복하고 충만하게 가족과 공유하고 싶을 뿐이다. 그리고 아이들의 성장을 힘껏 도와주고, 언젠가 시간이 되면 나와 아내의 품을 떠나 더 넓은 '코스모스'로 독립해서 나가게 될 아이들의 미래를 축복할 마음의 준비를 해나가야겠다.

여행이 아니라 일하러 왔어요 …
해외 주재원 회사생활

●

말도 통하지 않고 생활은 불편하기만 한 해외에서
가장 힘든 사람이라면 주재원의 아내가 아닐까. 처음
해외 근무를 시작할 때에는 퇴근하고 집에 들어설
때마다 아내에게 미안한 감정이 컸다. 나와 아이들의
하루하루가 아내에게 진 빚으로 엮어가고 있다는
마음 때문이었다. 하지만 시간이 지날수록 그 미안함은
옅어지고 있다는 것을 문득 깨닫게 된다. 아내에게 진
빚을 갚을 날이 언젠가는 와야 할 텐데…

인도로 발령받으셨군요.
──── 강등이라도 당하신 건가요?

사내 전산망에 올라온 공지는 간결했다. 현지 치안사정을 고려해 미얀마 지사를 잠정폐쇄할 것이며, 직원과 가족들 전원을 귀국시킨다는 것이었다. 그리고 미얀마 지사가 담당하던 업무는 이제부터 본사의 어느 부서에서 담당하게 되었으니 업무 관련해서 문의가 있으면 그 부서로 연락하라는 짧은 안내도 있었다. 코로나 사태로 인해 지난 여름부터 이미 최소인원만으로 운영 중이었는데, 이젠 그 인원마저 철수하는 것이다.

미얀마에서 유혈사태가 벌어진 지 몇 주가 지났다. 회사 외부 사람들의 눈으로 보면 왜 이렇게 늦게 철수 결정이 내려졌는지 다소 의아할 수도 있다. 하지만 실제로 현지에서 활동하는 나 같은 주재원의 입장에서는 철수 결정이 이제야 내려진 게 어느 정도는 이해된다. 일시적인 철수이건 영구적인 철수이건 결정을 내리기 전에 고민해야 할 문제가 한두 개가 아니기 때문이다.

인도에 코로나가 한창 확산되던 2020년 여름, 사실 나도 본사로부터 연락을 받은 적이 있다. "되도록이면 직원과 가족 전체가 잠시 귀국하는 것이 안전하겠지만, 여의치 않다면 가족만이라도 귀국하는 것이 어떻겠냐"며 인사담당 부장께서 나에게 조심스럽게 물었다. 선뜻 답하기 어려워 가족들의 뜻을 물어보겠다고 말하고는 전화를 끊었다.

"귀국해도 막상 들어가서 살 곳도 없는 거 당신도 잘 알잖아. 전세 세입자를 내보낼 돈도 없고, 설사 돈이 있더라도 얼마나 머물지도 모르는데 어떻게 내보내? 그리고 애들 학교는 또 어쩌고?"

아내는 한국으로 돌아갈 마음이 없었다. 아니, 돌아갈 형편이 안 되었다는 게 더 정확하다. 인도와 한국 사이에 정기 항공편마저 끊어져 있는 상황에서 언제 다시 만날 수 있을지도 모른 채 가족들만 비행기에 태울 수도 없는 노릇이었다. 다른 한국 회사의 주재원들에게 물어보니 대부분 잔류하는 모양새였다. 우리 가족도 잔류를 선택했다.

그렇게 일단 잔류를 선택했지만 언제든지 사무실을 (일시적으로라도) 폐쇄할 수도 있다는 가능성에 직면하자 나는 고민하지 않을 수 없었다.

'본사로부터 급박하게 철수 결정이 내려지면 나와 내 가족은 어떻게 해야 하나?'

작년 여름 내내 사무실 폐쇄가 현실화되면 무슨 문제부터 처리해야 할지 고민하며 수첩에 적었던 메모들을 다시 들여다보기 시작했다. '현지 채용 직원 고용유지?', '각종 용역계약은?', '임차주택 의무거주기간?', '아이들 학교는?', '돌아가서 살 전셋집' 등등…

한국 생활을 정리하고 해외에 나가는 것, 현지에 머물며 영업하고 생활하는 것, 마지막으로 현지를 떠나 귀국하는 것까지 해외 주재원의 생활은 어느 것 하나 쉬운 게 없다.

여기까지 읽으신 독자분들 중에는 이렇게 생각하시는 분들도 있을 것이다.

"그러길래 해외에 왜 나가? 한국이 얼마나 좋은데. 자기가 좋다고 가족들 다 데리고 나가 놓고서는 이제 와서 뭐 그렇게 불만이 많아?"

맞다. 맞는 말이다. 하지만 회사 업종의 특성상 반드시 장기간 해외에 직원이 거주해야 하는 경우가 있고, 그런 회사에 근무하는 직원에게는 좋든 싫든 숙명처럼 따라다니는 굴레가 바로 해외근무이다.

원하지 않는 시기에 해외에 나가야 할 수도 있고, 잔류를 희망하더라도 한국에 귀국해야 하는 경우도 있다. 원해서 나가는 환경 좋은 나라도 있고, 원하지 않더라도 나가야 하는 환경이 열악한 나라도 있다. 그리고 소위 '후진국'으로 발령 나면 가끔 나 자신이 '후진' 사람이 된 듯한 시선도 견뎌야 한다. 비슷한 시기에 선진국에 발령받은 직원들은 어깨를 떡 펴고 돌아다니며 축하를 받는 반면, 후진국에 발령받은 직원들은 출국하는 날까지 동료 직원들의 '위로와 격려'를 받는다.

현지에 도착해도 마찬가지다. 내가 인도에 도착해서 만난 현지 부동산 중개인은 첫 만남에서 강한 인도식 악센트가 섞인 영어로 내게 농담을 건넸다.

"Now, you're transferred to India. Did you get demoted?"
(인도로 발령받으셨군요. 강등이라도 당하신 건가요?)

아이들 학교부터 시작해서 모든 한국 생활을 정신없이 정리하고 다시 제정신을 차려보니 낯선 나라였다. 이방인의 언어가 24시간 나를 감싸는 삶, 주인이 아닌 손님으로서의 삶이 또다시 시작되었다.

아빠는 아빠대로 상식적으로 말도 안 되는 관행이 버젓이 벌어지는 후진국 상황과 싸우며 하루하루를 전쟁처럼 살아가고, 아이는 아이대로 하루하루씩 학교생활을 견디다 보면 3, 4년의 세월이 후다닥 지나간다.

그리고 그렇게 힘들게 해외 생활을 마치고 귀국하면 한국에 재적응하기 위한 전쟁을 또 한바탕 치러야 한다. 우리 아이들은 몇 년마다 나라를 옮기는 자신들의 생활을 '뿌리째 뽑혀서 새로 심겨지는 나무 같은 기분'이라고 말하곤 했다.

재적응은 아내에게도 쉽지 않았다. 나의 프랑스 지사 근무가 끝나고 귀국한 2017년 1월, 복직한 아내가 첫 출근했다가 퇴근하더니 "나보다 입사 후배가 팀장을 맡은 팀에 팀원으로 배치됐어"라며 어색하게 웃었다. 나 때문에 자기 커리어가 망가졌다고 성질이라도 부렸더라면 내가 덜 미안했을 텐데… 남편인 내가 미안해할까 봐 태연한 척하는 아내에게 난 뭐라고 말해줘야 할지 몰라 가만히 있을 수밖에 없었다.

2021년 봄에 들어서면서부터 인도의 코로나 확진자 수가 갑자기 폭증하기 시작했다. 하루 2만 명 내외에 머물던 숫자가 불과 며칠 사이에 8만 명을 돌파했다. 아마도 '3차 확산'이 이제 시작되나 보다.

아이들은 학교를 못 가게 될까 봐 걱정하기 시작했고, 나와 아내는 그럴 리는 없겠지만 그리고 그래서는 안 되겠지만 혹시라도 본사에서 철수 권고가 오지는 않을까 걱정하기 시작했다. 들어가서 살 집도 없는데… 그리고 아이들 학교는 또 어쩌지? '정착해서 사는 삶'이 아니라 '머물다 떠나는 삶'은 그 시작도, 중간도, 끝도 늘 불안하다.

해외 주재원?
그 환상을 확실히 깨드립니다 ————

　해외 주재원이라는 단어를 듣는 독자들은 아마도 여러 가지 생각이 떠오를 것이다. 유창한 영어 아니면 현지어를 사용해서 계약 상대방을 휘어잡은 후 경쟁사(이 경우 약속이나 한 듯 일본 회사이다)를 제치고 극적으로 거액의 계약을 따낸 다음 본사에 전화를 걸어 울먹이며 "전무님, 제가 드디어 해냈습니다. 우리 회사는 이제 살았어요"라고 외치는 멋진 산업 역군 이미지…

　만약에 선진국에 주재하는 직원이라면 한 손에는 아이패드를, 다른 한 손에는 스타벅스에서 방금 전에 4달러95센트를 주고 산 '니트로 콜드 브루'를 간지 나게 들고 맨해튼의 마천루를 가로질러 당당하게 통유리 출입문을 통과한 후 ID 태그를 대자마자 소리도 없이 스르륵 열리는 턴스타일 게이트turnstile gate를 빠져나와 엘리베이터를 향해 걸어가는 차도녀의 이미지…

　만약에 후진국에 주재하는 직원이라면 힘든 하루 일과를 마치고 조금은 나른하고 무더운 퇴근길에 잠시 집 근처에 위치한 야자수 무성한 카페에 들러 갓 주문한 피냐콜라다를 마시며 한국에 두고 온 부모님(아니면 여자 친구)을 아련하게 그리워하는 멋진 훈남의 이미지…

그렇지 않다면 해외 주재원에 대해서 부정적인 인식을 가지고 있을 수도 있겠다. 해외에 주재하는 기간 내내 골프나 죽어라 치면서 월급은 국내 근무 대비해서 훨씬 많이 받는 프리 라이더. 게다가 운전기사와 가정부는 혹독하게 대우하면서 한국 사람들하고만 어울려 한식당에만 몰려다니고, 그저 특례입학으로 자식들을 좋은 대학에 보내는 데에만 혈안이 되어 있는 '한남충' 아저씨들…

아니면 어떻게 해서든지 수단 방법 안 가리고 해외법인에서 오래 근무하면서 튼튼한 현지 바이어 한두 명 확실히 확보한 후 적당한 때에 사표를 집어던지고 현지에 정착해서 시민권 따고 작은 사업체라도 차리려고 궁리 중인 '한국 싫어증' 환자들…

글쎄, 독자들이 위에 설명한 이미지를 떠올리셨다면 일부는 맞고, 대부분은 틀렸다. 적어도 내가 다니고 있는 지금의 이 회사(30여 개국에 지사를 두고 있고, 전체 직원의 약 15% 이상이 해외에서 근무한다)를 포함하여 거의 대부분의 한국 회사에서 파견하는 해외 주재원 역할은 일반인들이 생각하는 이미지와는 매우 다르다.

대부분의 경우 해외 주재원은 생산 또는 영업을 담당하는 직원들이 파견된다. 우리나라 기업들이 주로 개발도상국에 생산법인을 많이 설립한 때문이다. 간혹 연구나 기술 분야 담당자들이 파견되기도 하지만, 그 수는 그리 많지 않다(연구나 기술 분야 직원들이 파견되더라도 현지 생산라인에서 발생하는 문제를 해결할 현장 전문가들이 주를 이룬다). 따라서 영업 또는 생산 담당 해외 주재원들에게 주어진 과업은 아주 명확하다. 생산 스케줄에 따라 높은 수율로 제품을 차질 없이 생산해야 하고, 이를 많이 팔아야 한다. 그 이상도, 그 이하도 아니다.

그렇다 보니 대부분의 경우 숫자로 정해진 업무 목표를 달성하느냐 못하느냐에 따라 해외 주재원의 성과 평가, 더 나아가 승진 여부가 칼같이 결정된다. 그만큼 업무 목표 달성에 대한 부담감이 크다.

한국에서 근무하는 직원들도 그만한 업무 부담은 느끼는 것 아니냐고 반문할 수도 있을 것이다. 하지만 선진국이면 선진국 대로, 후진국이면 후진국대로 예상치 못한 돌발 상황이 수시로 발생하는 해외에서 스케줄에 맞춰 업무 목표를 달성한다는 게 한국에서처럼 그리 쉬운 일이 아니다.

대기업 생산법인의 경우 현지에서의 관리업무, 예를 들어 인사나 재경관리를 담당할 직원도 소수이지만 파견된다. 현지 직원 인사관리를 담당하는 직원이면 말 안 듣는 현지 직원들과 하루에도 몇 번씩 티격태격 싸우며 부대껴야 한다. 황당한 현지의 노동 관련 법률을 근거삼아 소송이나 당하지 않으면 그나마 다행이다. 몇몇 나라에서는 긴 휴가가 끝날 때마다 고향에

갔다가 돌아오지 않는 현지 생산직원들의 빈자리를 메우기 위해 생산직 직원을 일 년에도 몇 번씩 뽑아야 되는 코미디 같은 상황도 반복된다.

자재 구매 또는 재경 담당 직원이라면 이번 코로나 시기에 아마 혼이 쏙 빠졌을 것이다. 세관을 포함해서 통관 관련 각종 정부기관과 민간 회사들이 일제히 근무를 안 하거나 재택근무로 돌아서면서 배를 타고 들어오는 부품과 자재 수입품들, 그리고 항만 창고에 가득 쌓여 하루하루 지날수록 변질되는 원자재들을 속절없이 바라봐야만 했을 테니 아마도 속이 새까맣게 탔을 것이다.

각종 통관서류가 도착해야 은행 업무를 볼 텐데 서류들은 도착 안 하지, 어제까지 분명히 통화했던 현지의 거래 은행 직원은 갑자기 통화가 안 돼서 겨우겨우 휴대폰으로 전화를 걸었더니 밀접 접촉자로 분류되어 2주간 격리를 시작한단다. 법인장도 이 상황을 모를 리가 없을 텐데 1시간이 멀다 하고 부하 직원만 닦달한다. 이쯤 되면 정말 중간에 끼어서 속된 말로 미치고 환장할 노릇이다.

그럼에도 불구하고, 보람과 보상이 큰 것은 물론 부인할 수 없는 사실이다. 10년이나 20년 전보다는 많이 줄었다고는 하나 아직도 한국보다는 확실하게 높은 급여는 좋은 유인이다. 여기에 주택을 포함해서 국제학교에 진학하는 자녀들의 학자금까지 지원해주는 복지혜택에, 후진국인 경우 잊을 만하면 분기에 한 번 정도 본사에서 보내주는 한국 부식들과 간식들… 그리고 1년에 한 번 정도 가족 전체에게 비행기 티켓까지 사주면서 한국으로 휴가를 보내주는 본사의 따뜻한 배려에 사실 감동받기도 한다.

100m²(30평) 전세 아파트에서 내년에 올려줘야 할 전세금을 고민하며 살던 아빠 엄마가, 일주일에 학원 다섯 군데를 뺑뺑이 돌며 초주검이 되곤 했던 중 3, 중 1짜리 애들을 데리고 비행기에서 내렸는데 공항 주차장에 대기하고 있던 드라이버 아저씨가 아빠를 보자마자 "Good afternoon, sir"를 외치고는 차를 기가 막히게 운전해서 200m²(60평)가 훌쩍 넘는 고급주택 앞에 가족들을 내려 준다면… 가족들 모두 눈이 휘둥그레질 수밖에 없다.

그런데 이 놀라움과 경탄은 딱 한 달 정도 유지된다. 아버지가 회사에 출근해서 본격적으로 실적 압박에 시달리기 시작하면서, 학교 수업을 하나도 못 알아들어서 새파랗게 질린 아이들이 quiz 시험에서 줄줄이 C와 D를 받아오면서, 어머니의 경우 가정부가 집안의 물건을 슬쩍슬쩍 훔쳐가기 시작한다는 것을 알아채면서 해외 주재원에 대한 환상은 산산이 부서진다. 가족들은 이제 깨닫는다.

'아, 똥 밟았다…'

결국 이곳도 선한 사람과 악한 사람 그리고 교활한 사람과 순진한 사람들이 모여 사는 '사람 사는 곳' 중 하나라는 것, 그저 우리와 다른 언어를 사용하고, 우리와는 다른 문제를 갖고 있으며, 우리와는 다른 방법으로 그 문제들을 해결하는 '생활의 터전'에 불과하다는 점을 깨달으면서 말이다.

회사를 기사회생시킬 드라마틱한 계약건이 매일매일 있는 것도 아니고, 한 손에는 ID 카드를 다른 한 손에는 '니트로 콜드 브루' 들고 매일 같이 길거리를 싸돌아다닐 일도 없고, 야자수 밑에서 피냐콜라다를 마실 여유도 없는 곳… 한국과 똑같이 바쁘고 정신없는, 그저 한국에서의 직장생활과 다를 바 없는, 장소만 달라진 직장생활의 연속이라는 것을 깨닫게 되면… 그때 비로소 진정한 해외 주재원의 생활은 시작된다.

꼭두새벽에 울려 퍼진
'남녀상열지사男女相悅之詞'의 소리

　우리 회사를 포함해서 많은 회사들이 직원 중 일부를 선발하여 해외에 있는 대학원 과정에 약 2년 정도 학술연수를 보낸다. 보통 입사한 지 6, 7년 정도 지난 직원 중에서 선정하여 현장 업무에서 잠시 벗어나 휴식을 갖고 석사학위도 취득할 수 있도록 해주는 제도이다.

　나 역시 운 좋게 회사에서 선발하는 해외학술연수 대상자로 선정되어 2006년부터 2008년까지 미국 일리노이주에 위치한 일리노이주립대에서 석사과정을 이수할 수 있는 기회를 얻었다.

　공부할 학교는 비교적 수월하게 정해졌지만, 막상 2년 동안 지낼 집을 구하는 것은 쉽지 않았다. 학교에 이미 재학 중인 한인 학생들 모임과 연락이 닿아 이들을 통해서 알아본 결과, 그 동네의 한 달 렌트비가 만만치 않은 수준이었다. 회사에서 지원해주는 수업료와 한 달 생활비로는 빠듯했다.

　좀 더 값이 싼 아파트를 찾던 차에 우연히 학교 홈페이지에서 주변 시세의 절반 정도에 불과한 집들을 발견했다. 대학원

생에게 제공되는 학내 기숙사였다. 홈페이지에 게시된 기숙사 동영상을 아내와 같이 들여다보고 있는데 전혀 이상한 느낌이 없었다. 조금 좁아 보이기는 했지만, 거실 하나에 방 두 개 그리고 작은 부엌과 화장실… 있을 게 다 있어 보이는 멀쩡한 집이었다. 교내에 위치하고 있어서 강의실로의 접근성도 최고였으니, 일석이조였다.

"잘 됐네. 호비 아빠! 렌트비도 싸고, 학교도 가깝고… 학교 기숙사로 정합시다."

그렇게 한국에서의 생활을 정신없이 정리하고, 만으로 3살도 되지 않은 호비 그리고 백일도 지나지 않은 호지를 안고 12시간이 넘는 비행시간 끝에 드디어 학교에 도착했다.

현지 한인교회 분들의 도움을 받아 교내 기숙사 앞에 도착한 우리는 입을 다물 수 없었다. 건물 전체가 나무로 지어진 50년도 넘은 우중충한 목조건물에 붙어 있는 주소는 학교 기숙사 관리사무소에서 알려준 우리집 주소가 틀림없었다.

"좋은 회사에서 스폰서 받아 유학 오시면서 왜 굳이 학내 기숙사로 들어가려고 하세요? 월세 조금만 더 내시면 학교 밖에 좀 더 넓고 좋은 집 많아요. 회사에서 지원받아 유학 오신 분들은 다 그런 집을 렌트하시던데…"

내가 학내 기숙사를 문의하자 한국인 유학생회 총무가 보내왔던 이메일 속 이야기가 그제야 내 뒷머리를 때리기 시작했다.

하지만 이미 주사위는 던져졌다. 학교와 기숙사 렌트 계약은 이미 서명했고, 이제는 빼도 박도 못하고 2년간 꼬박 살아야 한다. 나중에 알고 보니, 제2차 세계대전이 끝나고 일리노이 주방위군National Guard 소속 병사들을 위한 군용주택으로 지어진 건물을 주정부가 주립대학교에 싼값에 불하한 것이란다.

건물의 나이도 놀라울 따름이었지만, 여섯 가구가 입주할 수 있는 나지막한 3층 건물 전체가 모두 나무로 지어진 목조주택(우리 집과 똑같이 생긴 목조주택 수십 채가 큰 길을 따라 줄지어 서 있었다)이라는 점은 더욱더 놀라울 수밖에 없었다. 한걸음 한걸음을 내디딜 때마다, 청소기를 돌릴 때마다, 화장실 물을 내릴 때마다 집 전체에 소리가 울려 퍼지던 그 목조건물은 마치 이렇게 소리치는 듯 했다.

"아이고, 입주민 여러분. 저 60년 된 목조주택이에요. 살살 좀 움직이세요."

방음이 전혀 되지 않는 목조주택의 실상을 적나라하게 경험한 것은 내가 첫 학년을 거의 마친 어느 초여름밤이었다. 칭얼거리는 호비와 호지를 재우고 간신히 잠이 든 그날 새벽, 잠결에 어렴풋이 목조주택 전체가 조금씩 삐그덕거리는 소리에 잠이 깨었다. 자세히 들어보니 규칙적으로 들리는 삐그덕 소리와 함께 젊은 남자의 신음소리와 젊은 여자의 교태스러운 소리가 섞여 들려왔다.

한밤중에 대학교 기숙사 한복판에서 남녀상열지사男女相悅之詞의 소리가 고고하게 울려 퍼지고 있는 것이었다. 5분이 지나고 10분이 지나도 그 소리가 사라지지 않았다. 어찌나 시끄럽고 격렬했던지 옆에 누워있던 아내도 잠에서 깨었다. 하루 종일 아이들에게 시달린 채 피곤에 찌들어 겨우 잠이 들었다가 단잠에서 깨어났으니 아내의 입에서 고운 말이 나올 리가 만무했다. 짜증이 난 아내가 한마디 나지막이 내뱉었다.

"어이구, 저것들이 미쳤나. 꼭두새벽에 뭐하는 짓이여?"

아내도 자기가 뱉은 말에 약간 머쓱해졌는지 키득키득 웃기 시작했고, 나 역시 터져 나오는 웃음을 참을 수 없었다.

불행인지 다행인지는 모르겠으나, 외국인이나 외국 문화에 대한 거부감이 크지 않았던 나와 내 가족은 회사의 지원을 받아 유학 오는 다른 한국인들과는 달리 학내 기숙사를 선택했고, 그 덕분에 더 풍성하고 즐거운 경험을 누렸다.

학교나 학생회 또는 기숙사 차원에서 소소하지만 유쾌하게 진행되던 각종 행사에도 빠짐없이 참석하며 친구들을 만드는 기회도 가졌다. 추수감사절을 전후해서 열리던 소박한 파티의 기억, 매년 봄 학생회가 주최하던 '인터내셔널 데이' 행사에서 각국의 전통음식을 나누던 추억들, 그리고 눈이 올 때마다 기숙사 놀이터를 가득 채우던 아이들의 눈싸움 소리와 부모들의 웃음소리까지…

게다가 나보다 많으면 열 살 가까이 어린 석사과정 학생부터 내 나이 또래의 박사과정 학생까지 다양한 국적을 가진 유학생들이 얼마나 치열하게 학문에 매진하는지도 옆에서 직접 목격하는 행운도 누렸다. 이 모든 것이 학내 기숙사에 입주하여 외국인 학생들과 생활을 공유하면서 얻은 경험이었다.

나이 어린 두 자녀를 데리고 낡고, 좁고, 불편하고 추운 목조건물에서 보낸 2년의 기간이 하루도 빠짐없이 행복했었다는 이야기는 결코 아니다. 다만 한국에서 정장을 입고 사무실로 출근하며 어제가 오늘 같고 오늘이 내일 같던 직장인의 삶에서 벗어나, 국적을 포함해서 어느 것 하나 우리 가족과 유사점이 없는 다른 가족들과 부대끼며 어울렸던 삶은 나와 우리 가족이 인생과 행복을 바라보는 시야를 단숨에 넓혀주었다는 점은 확실한 것 같다.

그리고 미국에서의 짧지만 유쾌했던 경험 딕분에 나중에 우리 가족이 프랑스와 인도라는 나라에서 살아보자는 결정도 쉽게 내린 것 같기도 하다.

들어나 보셨나요?
──── '유남생'이란 말을…

2006년을 전후해서 SBS-TV 코미디 프로그램인 〈웃음을 찾는 사람들〉에서 '나몰라 패밀리'라는 코너가 제법 인기를 끌었었다. 힙합을 잘 모르는 한국 사람에게 3인조 힙합그룹 멤버들이 힙합을 가르친다는 내용이었는데, 힙합그룹 멤버 3명 중에 '유남생'이라는 캐릭터가 있었다.

유남생! 영어를 쓰는 원어민들이 영어를 잘 못 알아듣는 외국인들에게 살짝 비꼬는 듯한 말투로 내뱉는 바로 그 말인 "You know what I'm saying?"을 빠르게 발음한 "유남생"을 캐릭터의 이름으로 사용한 것이었다. 힙합의 스웩을 안다는 이유만으로 힙합을 모르는 다른 사람을 깔보는 약간은 얄미운 캐릭터였다.

한국의 시청자들은 TV 화면을 통해서 유남생을 보고 깔깔거리며 웃었겠지만, 미국 현지에서 직접 생생한 '유남생'을 경험한 우리 가족에게는 즐겁기보다는 안타깝고 속상한 경험이었다.

회사에서 선발하는 해외학술연수 대상자로 선정되어 2006년부터 2008년까지 미국 일리노이주립대에서 석사과정을 이수하는 기회를 얻은 나는 가족을 데리고 미국으로 향했다. 그리고 미국에 도착한 지 얼마 되지 않아 만 3살도 되지 않은 호비를 보낼 유아원kindergarten을 알아보기 시작했다. 백일도 되지 않은 둘째 호지를 돌보는 것만으로도 벅찬 아내의 짐을 덜어주기 위해서는 어쩔 수 없는 선택이었다.

다행히 집에서 멀지 않은 곳에서 적당한 유아원을 찾았다. 개신교 교회가 주중에 유아원에게 공간을 빌려줘서 운영되는 곳이었다. 사실 영어를 하나도 할 줄 모르는 호비를 미국 아이들과 선생님만 가득한 그곳에 보내면서 제대로 적응이나 할지 이런저런 걱정이 많았다. 다행히 호비는 크게 스트레스를 받지 않고 유아원에 잘 적응했다. 아니, 잘 적응하는 줄 알았다.

그런데 호비가 유아원에 다니기 시작한 지 며칠 안 된 어느 날 밤, 안방에서 호비와 호지를 재우고 있던 아내가 거실에서 TV를 보고 있던 나를 조용히 불렀다. 저녁을 먹고 먼저 잠든 호비가 이상한 잠꼬대를 한다는 거였다.

'유남생? 유남생? 유아원에 새로운 한국 아이(유씨 성을 가진 한국 아이)가 전학왔나?'

처음에는 한국말로 사람 이름을 부르는 줄 알았단다. 아내 손에 이끌려 안방에 들어가 호비의 잠꼬대를 가만히 들어보았다. 그랬다. 바로 그 유남생, "You know what I'm saying"을 꿈속에서 몇 번이고 반복하고 있는 것이었다.

영어는 고사하고 한국말도 제대로 못하는 호비가 유아원에 가서 하루 종일 듣는 영어 중에 과연 몇 퍼센트나 알아들을 수 있었을까? 아마 거의 알아듣지 못했을 것이다. 그저 주위 친구들을 두리번두리번 살피며 눈치로 때려 맞추는 힘겨운 생활을 하고 있었을 것이다. 그런 아이가 가장 많이 듣는 말이 무엇이었겠는가?

"헤이 호비, 두 유 노 왓 아임 세잉?", "유노 왓 암 세잉?", "유노왓암셍?", "유남생?"…

하루에도 수십 번을 되풀이해서 듣고 또 들은 바로 그 말을 아이는 꿈속에서 큰소리로 되풀이하고 있었던 것이다. 호비가 날마다 겪고 있는 하루하루의 생활이 어떨지 상상이 되자 가슴이 먹먹해졌다.

그렇게 힘들었던 몇 주간의 적응기가 지나갔다. 결국 시간이 약이었고, 아이는 빠른 속도로 미국 유아원에 적응했다. 고작 2년 밖에 안 되는 우리 가족의 미국 체류기간이었지만, 만 3살에 유아원 생활을 시작한 호비는 누가 가르쳐 주지도 않았는데 2년 만에 영어로 된 책을 자기 힘으로 읽기 시작하는 놀라운 광경을 우리 부부에게 보여주었다.

물론 영어 파닉스phonics를 처음 익히는 미국 아이들을 포함한 모든 아이들이 범하는 실수(예를 들어, w로 시작하는 모든 단어, 그게

what이든, was이든, when이든 무조건 was로 읽는 실수)를 다 저지르고 있었지만, 그 모습조차 귀여웠다.

그렇게 2년간의 미국 연수를 마치고 한국으로 돌아온 2008년 여름, 나 또한 한국으로 귀국한 다른 해외 주재원과 똑같은 고민을 하기 시작했다. 다니고 있는 회사의 특성상 앞으로 두어 번 해외근무를 더 해야 할 것 같은데, 아이들 영어 공부는 어떻게 유지해야 할지(비싼 돈을 들여 영어 사교육을 시켜야 할지) 고민이 많아졌다.

당시 영어 유치원이 꽤나 유행이어서 많은 학부모들이 영어 유치원에 아이들을 입학시키고 있었다. 일부 강남의 병원에서는 아이들의 영어 발음을 좋게 해준답시고 아이의 혀와 아래턱을 연결한 근육을 자르는 끔찍한 수술도 버젓이 시행되고 있다는 뉴스 보도까지 있었다. 조금 과장을 보태자면 영어교육 광풍이 초등학생은 물론이고 유치원생에게까지 번진 상황이었다.

나는 아무리 호비의 나이가 어리더라도 본인의 의사를 존중해야 한다는 생각이 들었다. 아내도 마찬가지였다. 호비에게 물었다.

"너 영어 유치원 가고 싶어? 원하면 보내 줄게."

1초도 되지 않아서 돌아온 호비의 대답은 간결하고 단호했다.

"싫어. 한국 유치원 갈래."

더 이상의 이야기는 필요 없었다. 그렇게 우리 가족은 호비의 유치원을 결정했고, 호비는 초등학교 입학 전까지 일반 유치원을 다니게 되었다. 아무리 미국의 유아원에서 보낸 시간들이 즐거웠더라도 다른 피부색, 낯선 언어를 쓰는 아이들에게 둘러싸여 하루의 절반 이상을 보내는 생활은 어린 호비에게 꽤나 스트레스였었나 보다.

한국 유치원에 등원한 첫날, 호비는 너무나도 행복해보였다. 자기와 같은 피부색, 같은 언어를 사용하는 아이들 사이에 둘러싸인 호비에게는 하루하루가 행복한 나날이었다. 1년에 한두 번 열리는 재롱잔치 때 예쁜 색동저고리 입고 신나게 소고를 치는 모습은 귀엽고 활기차 보였다.

몇 달 지나지 않아 호비와 호지가 아파트 놀이터에서 놀고 있는데, 우리 아이들과 비슷한 또래의 사내아이 두 명이 어디선가에서 나타났다. 해외에서 살다가 귀국한 건지 그 아이들은 아주 자연스럽게 영어로 대화를 나누기 시작했다. 그리 어렵지도 않은 문장들이었다. 장난을 심하게 치는 형을 향해 동생은 "Stop. You're so mean to me!" 등등의 짧은 말을 내뱉고 있었다.

그 아이들이 뛰어노는 모습을 뚫어져라 유심히 쳐다보던 호비는 그들이 시야에서 사라지자마자 나에게 뛰어와 진심으로 궁금하다는 표정으로 물었다.

"아빠, 저거 어느 나라 말이야?"

너무나도 놀랍고 어이없어서 몇 번이나 호비에게 물었다.

"너, 저게 어느 나라 말인지 모르겠어?"

호비는 당연하다는 듯이 "몰라!"라고 외치는 것이었다.

그렇다. 미국에서 귀국하고 채 몇 달 되지 않은 상황에서 호비는 영어를 완벽하게 까먹은 것이었다. 한창 말과 글을 배울 나이였던 호비가 영어를 마치 스펀지처럼 빨아들이는 것을 경이롭게 바라본 게 불과 몇 달 전이었다. 그런데 한국에 귀국한 후 몇 달 사이에 정말 깨끗할 정도로 모든 것을 잊은 것이었다. 이지 컴 이지 고Easy come Easy go, 빨리 배운 만큼 빨리 잊은 것이다.

그때 문득 중남미 사무소에서 3년간의 근무를 마치고 귀국했던 선배 직원의 이야기가 떠올랐다. 현지인과 프리토킹이 가능할 정도로 스페인어가 유창하던 자기 아이가 한국에 돌아온 지 1년 만에 스페인어 문장은 고사하고 가장 기초적인 스페인어 단어, 예를 들어 '물Agua'이라는 단어조차 까먹었다는 것이었다. 난 믿기지 않아서 물었었다.

"에이, 선배! 설마 그렇게 쉬운 단어까지 하얗게 까먹는단 말이에요?"

하지만 그 선배의 말이 맞았다. 호비에게도 똑같은 일이 벌어진 것이었다. 2년 동안 그렇게 힘들게 배운 영어를 백짓장처럼 하얗게 까먹은 호비를 보면서 아깝다는 생각, 본전 생각이 안 들었다면 그건 거짓말이다. 아이가 싫다 해도 영어 유치원을 보냈어야 하는 건 아닌지 후회도 들었다. 하지만 유치원을 다니며 걱정과 스트레스 없이 하루하루를 보내는 호비의 모습을 보고 있자니 우리의 결정이 역시 잘한 결정이라는 확신이 들었다.

"그래, 호비야! 영어는 언제든지 배울 수 있어. 지금 이 순간 행복한 게 가장 중요해."

그렇게 우리 가족의 귀국 후 생활은 시작되었다.

당신이 어디에 거주하는지가
당신이 누구인지를 결정한다 ─────

"정말로 한국인들이 모여 사는 15구가 아니라 17구에서 집을 구하실 거예요? 정말이시죠? 나중에 딴소리하시면 안 돼요."

2014년 1월, 파리 지사에 부임하자마자 사무소 행정업무를 도와주는 직원에게 아이들 학교와 가까운 17구에 있는 쓸 만한 아파트를 알아봐달라고 부탁하자, 그 직원이 의아하다는 듯이 나에게 되물었다.

자기가 10년이 넘게 행정직원으로 근무하면서 한국 사람들이 선호하는 파리 15구가 아닌 다른 지역의 아파트를 찾아달라고 한 사람은 내가 처음이라는 거였다. 게다가 파리 17구라는 동네는 거의 100% 프랑스 현지인들만 살고 있는, 우리로 치면 서울의 목동이나 상계동쯤 되는 동네였으니 당연히 의아해할 만한 상황이었다.

한국 식료품 가게와 한국 식당, 그리고 한국인 주재원들이 주로 자녀들을 입학시키는 미국계 학교까지 옹기종기 모여 있는 곳, 우리나라로 치면 한남동 내지는 이태원 같은 분위기를 풍기는 곳이 파리에서는 15구라 불리는 곳이다. 파리 중심에서 남서쪽에 치우쳐 있으며, 파리 시민들의 쉼터인 불로뉴 숲과도 인접해 있다.

파리에 소재하는 국제기구 중 가장 큰 국제기구인 OECD(경제협력개발기구)가 멀지 않은데다가 이러저런 국가의 대사관들이 밀집해 있는 동네이다 보니 자연스레 다양한 국적의 외교관과 주재원들이 모여 사는 동네가 되었다. 시간이 지나면서 한국인들은 물론 다양한 국적의 외국인들을 위한 식당과 식료품점 등이 자리 잡게 되었고, 자연스레 파리 시내에서 외국인들의 비율이 가장 높은 동네가 되었다.

호비와 호지를 미국계 학교에 입학시켰다면 우리 가족 역시 다른 해외 주재원들과 마찬가지로 15구를 첫 번째 후보지로 떠올렸을 것이다. 하지만 개선문 인근에 있는 학교에 아이들을 입학시키다 보니 15구에 집을 구할 이유가 사라져버렸다. 짧은 고민 끝에 사무실과 학교에서도 걸어 다닐 수 있고, 월세도 그리 높지 않은 17구에서 집을 찾기로 마음을 정했다.

우리 가족이 최종적으로 계약하고 들어간 아파트에는 예상대로 단 한 명의 외국인도 살지 않는 100% 프랑스인뿐이었다. 3년 동안 다른 집으로 이사 가지 않고 한 집에 살다보니 동네에도 제법 익숙해져서 여기저기 산책도 자주 다녔는데, 동네를 통틀어서 한국인은 고사하고 아시아인을 딱 한 번 마주쳤던 기억이 난다. 집에서 두 블록쯤 떨어진 약국에 우연히 들렀다가 마주친 베트남 출신 약사였다. 그 약사도 백인들만 사는 동네에 돌아다니는 우리 가족이 신기해 보였는지 언제 이사왔냐며 관심을 보였다. 비유하자면, 한국 사람들만 사는 서울 상계동 한복판에서 프랑스 사람 두 명이 우연히 만난 셈이었다.

우리 가족이 프랑스인들만 사는 아파트에 살다보니 현지인들이 즐기는 축제나 행사를 빠지지 않고 즐기는 기쁨도 있었다. 매년 6월 22일을 전후한 하지夏至에 열리던 '음악축제Fête de la Musique'가 대표적인 경우였다. 프랑스인들은 밤새도록 다양한 악기를 연주해가며 장소에 상관없이 음악을 즐기고 술도 한 잔 마시곤 했다.

5월을 전후하여 열리던 'Fête des Voisins(우리말로 해석하면 '이웃 사촌 축제'쯤 되겠다)'도 빼먹으면 안 되는 축제였다. 점점 이웃 간의 정이 사라져 가는 것을 안타까워하던 파리 시내 17구 주민들이 주도하여 1999년 이웃끼리 음식을 나누던 작은 축제가 이제는 프랑스 전역에서 매년 봄 수백만 명이 참여하는 큰 축제가 되었다. 축제라고 해봐야 간단하게 음식과 술을 나누는 것이 전부였지만, 평소에 조금은 서먹하게 지내던 이웃 주민들과 그날만큼은 가벼운 농담이라도 주고받을 수 있는 그런 날이었다.

이외에도 우리 가족이 현지인들만이 느낄 수 있는 정취를 오롯이 느낄 수 있는 사소하지만 잊지 못할 경험은 많았다. 토요일 아침마다 집에서 가까운 동네 공터에서 열리던 재래식 야채 시장에서 장을 보던 경험, 잊을 만하면 몇 달에 한 번씩 동네 주민들이 주도해서 열리던 벼룩시장vide grenier, 크리스마스 때만 되면 예쁘게 장식되던 동네의 골목골목들… 외국인들이 주로 거주하는 15구에 살던 다른 한국 주재원들은 이런 축제들이 있 는지도 모르는 눈치였지만, 우리 가족들에게는 매년 빼먹지 않 고 경험한 프랑스다운 축제들이었다.

해외 주재원들을 위한 수입 식료품이 구비된 깨끗하고 넓은 마트와 인터넷 쇼핑몰에서 주로 물건을 구입하고, 한국 식당 에서 주로 식사하며 한국 노래방에서 한국에 대한 그리움을 풀 었던 다른 주재원들도 물론 그 나름대로 즐겁고 행복한 시간을 보냈을 것이다. 하지만 적어도 파리에 머무는 3년만큼은 최대 한 현지인들과 어울려 살아보자는 생각으로 현지인들의 일상 속으로 깊숙이 뛰어들었던 우리 가족은 3년 후 큰 아쉬움 없이 프랑스를 떠날 수 있었다. 말 그대로 프랑스에서만 해볼 수 있 는 독특한 경험을 우리 가족은 거의 빼먹지 않고 다 해보았으 니 미련이 남지 않았기 때문이다.

그렇게 우리 가족은 미국과 프랑스에 거주하면서 보통의 한 국인들이 선호하는 지역이 아닌 다른 지역에서 거주하게 되었 다. 미국에서는 한국 유학생들을 찾아보기 힘든 학내 기숙사에 서 거주했고, 프랑스 파리에서도 주재원 중 십중팔구가 거주하는 15구가 아닌 17구에 거주했다. 그리고 지금 뉴델리에서도 한국인 주재원들이 대부분 거주하는 구루가온 신도시가 아닌 델리 시내 구舊시가지에 거주하고 있다.

돌이켜 생각해보니, 어디에 사는지가 생각보다 훨씬 넓게 주재원의 삶에 영향을 미치는 듯하다. 누구를 주로 마주치고, 어떤 언어로 이야기를 나누며, 무슨 일을 주로 겪고 경험할지 등이 대부분 어디에 거주하느냐에 따라 결정된다. 한국인들끼리 주로 모이고, 교제하며, 교류하는 대다수 주재원의 생활양식과 비교해서 현지인과 주로 어울리려고 노력하는 우리 가족의 생활방식이 우월하다고 일방적으로 주장할 생각은 추호도 없다. 현지인들 사이에 섞여 살다보면 조금은 어색하고, 조금은 난감하고, 조금은 당황스러운 일들을 수시로 겪을 수도 있으니 말이다.

하지만 최소한 '무조건 한국인들이 모여 사는 곳으로 갈 거야'라는 생각을 고집하지 말고 '현지인들 또는 다른 외국인들과 섞여서 살아가는 게 더 흥미롭지 않을까?'라는 생각만이라도 해보면 어떨까? 실제로 그렇게 살아가다 보면 다양한 경험과 이야기를 가진 많은 사람들을 만나는 멋진 기회가 펼쳐질 테니까 말이다. 그리고 그러한 경험과 교류가 우리의 삶을 더욱더 풍성하고 멋지게 만들어줄 테니까 말이다.

그 일본인의 예언이
과연 실현될 것인가?

2016년 12월 - 파리 지사 근무를 마치는 송별회 자리

2014년부터 2016년까지 3년간 파리 지사에 근무하면서 같은 업계에 있는 일본 회사 직원들과 가끔 술자리를 하곤 했다. 술을 한두 잔 들이켜고 나면 일본 회사의 파리 지사장은 "일본의 젊은이들이 점점 더 해외 근무를 꺼려한다. 외국어도 배우기 싫어한다. 이런 현상이 일본의 경기 침체 시기와 정확하게 일치한다. 나는 일본의 미래가 매우 걱정된다"라는 이야기를 입버릇처럼 했었다.

실제로 그 일본 회사의 파리 지사에는 30대 중반의 직원이 근무 중이었는데, 그 젊은 나이에 파리 지사가 벌써 3번째 해외 근무라는 것이었다. 파리처럼 근무환경이 좋은 나라도 모두들 오기 싫어해서 해외 근무 의향이 있는 사람들 중에서만 사람을 뽑다 보니 그렇게 되었다는 것이었다.

3년간 자주 만나다 보니 그 일본 회사 사람들과 제법 친해졌다. 내가 파리를 떠나기 직전, 송별회 자리에서 그는 꽤 취기가 오른 얼굴에 의미심장한 미소를 지으며 말했다.

"이제 머지않아 한국 젊은이들도 일본 젊은이들처럼 해외 근무를 기피하게 될 것이다. 너희 한국도 조만간 일본처럼 될 것이다."

자기의 속마음을 잘 이야기하지 않기로 유명한 일본인의 입에서 나온 말 치고는 상당히 직설적인 말이었다.

나는 마음속으로 그럴 일은 없을 거라고 고개를 저었다.

2021년 5월 - 서울 그리고 뉴델리

오늘 본사와 연락을 나누다가 이번 7월 정기 인사발령 이야기가 나왔다. 해외로 근무하러 나갈 의향이 있는 직원이 거의 없는 눈치다. 아프리카는 물론 중남미, 러시아, 심지어 중국 지사에도 지원자가 부족하다는 이야기를 듣고 나니 '드디어 올 것이 왔구나'라는 생각이 들었다.

생활환경만 따진다면 중국이나 러시아도 그리 불편하지는 않을 텐데, 그런 나라마저 가기 싫다는 것은 '이런 코로나 시국에 해외에서 살기는 싫기' 때문일 것이다. 그렇지 않아도 점점 해외 근무를 희망하는 직원 수가 줄어들고 있었는데, 이번 코로나 사태가 아예 낙타의 등을 꺾는 마지막 지푸라기가 되었다.

내가 회사에 처음 입사했을 20여 년 전만 해도 해외 근무는 선망의 대상이었다. 해외 지사의 수도 많지 않았고, 대부분 우리나라보다 잘 살거나 '조금 못 사는' 나라에 지사가 많다 보니 해외에 나가겠다는 사람들이 그야말로 인사팀 문 앞에서 회사 주차장까지 줄 서 있다는 농담이 나올 정도였다.

해외 근무의 혜택은 많았다. 좋은 생활환경, 본사보다 여유로운 업무량, 자녀의 특례입학 기회, 운이 좋으면 힘 있는 정부 부처 공무원이나 언론인들과 인맥을 쌓을 수 있는 기회까지… 그 당시에는 해외근무 수당도 적지 않아서 해외근무 한 번 할 때마다 아파트 평수가 늘어난다는 이야기도 심심치 않았다. 그 코스에 성공적으로 올라탄 사람은 암묵적으로 회사 임원 후보 군으로 편입될 정도였다.

20여 년 사이에 상황이 많이 바뀌었다. 무엇보다 우리나라의 생활환경이 비약적으로 좋아졌다. 세계 최고 수준의 IT 인프라, 놀랄 만한 수준의 의료 서비스(해외에 살면서 병원 한 번 경험해보신 분들은 격하게 동의하실 거다), 안락한 아파트 생활 등등… 그리고 모국어를 쓰며, 내 입에 익숙한 음식을 먹으며 내 친구, 가족, 친지들과 얼굴을 마주하고 산다는 것이 주는 편안함은 두말해서 무엇하리.

반면, 해외 주재원들의 생활환경은 전반적으로 더 열악해졌다. 많은 한국 회사들의 영업망이 점점 더 넓어지면서 아프리카와 중남미까지 해외지사가 만들어졌고, 이제 해외영업 직군들이 근무해야 할 '못 사는' 나라들은 점점 더 많아지고 있다.

그렇다고 선진국 근무가 특별히 인기 있는 것도 아니다. 젊은 직원들일수록 이미 여러 선진국을 여행하거나 생활해본 경험도 많아서 기성세대와는 달리 선진국에 대한 환상도 크지 않다. 그들에게 해외는 그저 '말이 잘 안 통하는 살기 불편한 또 다른 생활의 현장'일 뿐이다.

"선진국이라고 별 거 없어요. 오히려 더 느리고, 불편하고, 보이지 않는 인종차별도 많고요. 우리나라가 훨씬 나아요."

우리나라가 일본처럼 되지 않으려면…

젊은 세대에게 '세계는 넓고 할 일은 많다'는 둥, '노오오오력'이 부족하다는 둥, 진취적이지 못하다는 둥 이런 꼰대 같은 설교 늘어놓을 생각은 전혀 없다. 기성세대들이 겪었던 끔찍했던 노동력 착취, 감정 노동, 빈번한 사생활 침해를 '근면과 성실'이라는 이름으로 미화할 생각도 없다. 나는 단지 이제 우리 사회도 '열심히' 사는 사회에서 '행복하게' 사는 사회로 바뀌었다는 것을 인정하고, 이러한 변화에 걸맞게 시스템을 바꿔야 한다고 주장하고 싶은 거다.

생활환경이 열악한 나라에 가기 싫다는 젊은 세대의 등을 억지로 떠밀지 말고, 힘든 지역에서 안전하게 일할 수 있도록 회사가 돈 좀 들여서 확실하게 안전조치도 강구하고 경제적으로도 더 많은 인센티브를 부여하자는 거다. 치안 상황이 조금 불안한 곳이라면 방탄차량을 구입해주고, 의료시설이 미비한 곳이라면 돈 아끼지 말고 '에어 앰뷸런스' 서비스에 가입하면 된다.

어차피 내수만으로는 먹고살기 힘든 대외 의존적 경제를 가진 우리나라에서 누군가는 환경이 어려운 나라에 나가서 계속 근무해야 한다. 해외 나가기 꺼려하는 젊은 직원들에게 '패기와 근성', '노오오오력' 타령하며 억지로 채찍질하지 말고, 보람을 느끼며 존중받는다는 느낌을 받으며 행!복!하!게! 일할 수 있도록 사회 전체적으로든 아니면 개별 회사의 입장에서든 머리를 맞대고 아이디어를 짜보자는 이야기이다.

그리하여 최소한 '우리는 일본처럼 되지는 않았다'는 말을 후배 세대들에게 자랑스럽게 해줄 수 있는 그런 사회를 만들자는 거다. 한국에서 일하건 해외에서 일하건 우리의 젊은 세대들이 각자의 자리에서 보람과 행복을 느낄 수 있는 그런 사회와 회사 말이다.

파리에서
우리 가족이 겪은 범죄들

우리 가족이 2014년부터 2016년까지 3년간 파리에 거주하면서 겪은 가장 충격적인 사건은 단연코 3건의 연쇄 테러였다. 2015년 1월 7일에 발생한 샤를리 엡도 총격사건(12명 사망, 10명 부상), 2015년 11월 13일에 벌어진 바타클랑 극장 테러를 포함한 7건의 동시다발 테러 사건(최소 100명 사망) 그리고 2016년 7월 14일에 발생한 니스 화물차 테러(86명 사망, 458명 부상)는 각각의 사건 하나하나가 우리 가족에게는 물론 프랑스 사회 전체에도 큰 충격을 안겨줬다. 테러 사건이 하나씩 발생할 때마다 파리 시내 곳곳의 경비는 점점 더 삼엄해져 갔고, 우리 가족의 생활도 조금씩 불편해지기 시작했다.

하지만 3년 동안 우리 가족은 물론, 다른 한국인들을 가장 짜증나게 만들었던 것은 크고 작은 생활형 범죄들이 아닌가 싶다. 서점에 책을 사러 들어가면서 쇠줄로 튼튼하게 묶어 놓은 큰 아이의 씽씽이scooter가 감쪽같이 사라진 적도 있었고, 아파트 안에 있는 공용 창고에 잘 모셔 놓은 자전거가 귀신도 모르게 사라져 버린 경우도 있었다.

파리에 도착해서 처음으로 지하철에 탔던 날

열대여섯 살 될까 말까 한 여자아이가 대놓고 내 주머니를 더듬으며 지갑을 훔치려 하고 있었다. 나를 포위한 비슷한 또래의 두세 명은 보나마나 한 패거리였다. 나와 눈이 뻔히 마주 쳤는데도 불구하고 눈썹 하나 까딱하지 않는 뻔뻔한 아이들… 하도 어이가 없어 나는 영어로 소리를 질렀고, 나와 동행했던 일행은 걸쭉한 전라도 사투리로 욕 한 사발을 선사하셨다.

결국 그 아이들은 한 발 물러섰다. 그리고 비웃음인지 경멸 인지 모를 웃음을 남기고 유유히 지하철에서 내리던 그 여자아 이들 중 한 명이 동구권 악센트가 심하게 섞인 영어로 우리 일 행을 향해 소리쳤다.

"Go back to f***ing China."

마치 '나도 영어로 욕할 줄 알아'라고 시위하듯이 말이다.

파리 시내에서 가장 활발하게 활동하는 소매치기들은 주로 동구권에서 온 13, 14세 내외의 아이들이었다. 이들은 프랑스 경찰에 체포되어 봤자 하룻밤 정도 유치장에서 지낸 후 곧바로 방면되곤 했다. 형법상 미성년자이기 때문이다.

그 이후로 나는 파리에서 지하철을 탈 때마다 지갑을 포함한 귀중품은 모두 윗옷 속주머니에 넣고, 지하철에서 내릴 때까지

팔짱을 끼고 있는 습관이 생겼다.

내 주위에도 비슷하거나 더 심한 일을 당한 사람들이 부지기수였다. 파리에 머무는 3년 동안 내가 직접 전해들은 한국인 친구나 동료의 피해 사례만 해도 족히 대여섯 개는 된다.

지하철 안에서 넋 놓고 핸드폰을 들여다보다가 순식간에 핸드폰을 강탈당한 이야기, 아이를 유모차에 태워서 공원에 산책 나갔다가 핸드폰을 빼앗긴 이야기(유모차 때문에 쫓아가지도 못하고 소리만 질렀단다), 월요일 아침 아무 생각 없이 차에 시동을 걸면서 '오늘따라 차 안이 시원하네'라고 생각했는데 알고 보니 밤새 누군가 차의 뒷유리창을 홀라당 깨고 차를 싹 털어갔었다는 역대급 차량털이 이야기, 여름휴가를 마치고 사무실에 출근했더니 사무실 책상에 보관 중이던 소액의 현금을 누군가가 깔끔하게 훔쳐갔다는 이야기 등등⋯

내 아내 역시 평일에 두 딸을 데리고 외출했다가 트로카데로 지하철역에서 네댓 명의 여성 소매치기단에게 포위당하는 봉변을 당했었다. 호비와 호지는 겁에 질려서 멀찌감치 도망가 버렸고, 아내 혼자서 손에 들고 있던 우산을 휘두르며 비명을 질러대자 소매치기들이 물러났다고 한다. 집에 돌아온 아내는 자기를 버리고 도망간 두 아이들에게 눈을 흘겼고, 두 아이들은 "너무 무서워서 나도 모르게 도망간 거란 말이야"라며 멋쩍은 변명을 했다.

2004년 역내 국가 간 자유로운 통행을 보장하는 셴겐 조약이 동구권 국가까지 확대되면서 동구권 출신 범죄조직이 프랑스를 포함한 유럽의 주요 관광도시에 활발하게 진출하였고, 그 이후 유럽 주요 도시의 생활 치안은 급격하게 안 좋아졌다. 게다가 동양인은 현금을 많이 소지하고 다닌다는 소문 때문에 한국인들도(주재원이든 관광객이든) 끊임없이 이들의 목표물이 되는 짜증스러운 생활을 견뎌야만 했다.

가끔은 조금 위험한 상황도 발생하곤 했었다. 샤를 드골 공항에서 파리 시내로 연결되는 광역철도RER는 공항과 시내를 연결하는 거의 유일한 대중교통수단이었다. 하지만 RER 역에서는 물론이고 차량 안에서도 심심찮게 소매치기 사건이 일어났기 때문에 내가 직접 회사 차량을 몰고 가서 한국에서 출장 온 회사 직원을 픽업해서 데려오곤 했었다.

그러나 공항과 시내를 연결하는 A1 고속도로 역시 안전하지는 않았다. 항상 파리 시내 북부의 생드니 근처에서 교통 체증에 걸리곤 했는데, 그때마다 (이번에도 역시 13, 14세 정도 되는 아이들이 떼로 나타나) 차량의 유리창을 벽돌로 깬 후 잠시 정신을 차리지 못하는 운전자나 동승자의 금품을 탈취해가는 사건이 종종 일어나곤 했다. 내가 파리에 도착하기 전에도 이미 우리 회사 직원뿐만 아니라, 다른 한국 회사 직원도 이런 차량 퍽치기를 당했었다.

파리 생활 2년차였던 2015년 어느 날

그날도 어김없이 파리로 출장 온 회사 직원을 공항에서 픽업해 파리 시내로 들어오는데 생드니 근처에서 또다시 교통 체증에 걸리고 말았다. 잠시 딴 생각하면서 운전대를 붙잡고 앉아 있었는데 갑자기 뒤에 있던 차량이 하이빔을 켜면서 클랙슨을 세차게 울리는 게 아닌가?

무심코 주위를 둘러보는 순간, 조수석 유리창에 얼굴을 밀착한 채 차 안을 유심히 살펴보던 낯선 얼굴과 눈이 마주치고는 소스라치게 놀랐다. 10대 소년 한 명이 차량 퍽치기 범행을 저지르려고 우리 차량 내부를 유심히 살펴보고 있는 상황이었다. 조수석에 타고 있던 출장자(여성분이었다)는 그야말로 혼비백산해서 제대로 비명도 지르지 못하고 있었다.

뒤에서 운전하던 착한 사마리아인의 기지 덕분에 차량털이범은 후다닥 몸을 피했고, 우리는 안전하게 파리 시내에 들어올 수 있었다. 깜짝 놀란 출장자도 안심시킬 겸 비교적 늦게까지 영업하는 한식당을 일부러 찾아가 늦은 저녁도 대접했다. 낯선 나라에 출장 오자마자 이런 황당한 일을 겪었으니 얼마나 놀랐을까?

얼굴이 하얗게 질려 있는 출장자의 기분을 풀어주기 위해서 온갖 우스갯소리와 파리에 대한 칭찬을 주책스러울 정도로 늘어놓았지만 소용없었다. 저녁 식사 내내 그녀는 놀란 가슴을 진정시키지 못하고 음식에 손도 제대로 대지 않았다. 한편으로는 안쓰럽고, 또 한편으로는 미안한 저녁시간이었다.

여보,
비행기에서 안 내릴 거야? ─────

　2017년 1월, 3년간의 파리 생활을 마치고 귀국하는 우리 가족을 태운 비행기가 사뿐하게 인천국제공항에 내려앉았다. 좌석벨트 사인도 꺼졌고, 다른 승객들은 짐까지 다 챙겨서 좁은 좌석통로를 이미 꽉 채우고 서 있는데, 자리에 앉아 있던 아내가 일어날 생각을 안 하고 망부석처럼 앉아 있는 것이 눈에 띄었다.

　"호비 엄마, 일어나야지. 비행기에서 안 내릴 거야?"

　아내는 3년간의 행복한 파리 생활을 마치고 이제 또다시 각박하고 정신없는 현실이 기다리는 한국으로 돌아온 것을 믿고 싶어 하지 않는 눈치였다. 비행기도 그리고 그 비행기에 탑승한 자신의 몸도 이미 한국에 도착했지만, 마음은 아직도 파리를 떠나지 못한 것이었다.

　나의 재촉에 아내는 "에휴!"라는 한숨을 크게 내쉬고는 마지못해 짐을 챙기기 시작했다. 결국 우리 가족은 그 비행기에서 가장 마지막에 내렸다.

여행이 아니라 일하러 왔어요

해외 주재원의 아내들은 보통 남편의 근무기간에 맞춰 짧게는 3년 길게는 5년 가량 해외에 거주하게 되는데, 주재원 아내들이 해외에서 겪고 느끼는 경험은 천차만별이라는 단어로도 부족할 정도로 다양하다.

가장 흔한 경우가 한국보다 평균적으로 느리고, 불친절하고, 끝마무리가 깔끔하지 못한 각종 서비스를 참아가면서 다른 한편으로는 한국에서 누리지 못한 이러저러한 경험을 누리는 사람들이다. 예를 들어, 행정기관과 병원, 그리고 아이들이 재학 중인 학교의 느리고 서투른 서비스에 고생하다가도 한국이면 꿈꾸기 어려운 골프나 여행 등으로 이를 보상받는 그런 인생 말이다. 적당히 힘들어 하며 동시에 적당히 누릴 것은 누린다는 의미에서 '절충형' 인생이라고나 할까?

이보다 숫자는 적지만 꽤 적극적으로 해외생활을 즐기는 주재원 아내들도 있다. 절충형 인생에서 한 발짝 더 나아가 적극적으로 다른 주재원 아내들과 교류를 넓혀가며, 심지어는 현지인들과도 적극적으로 사귀는 사람들도 있다. 현지어 배우는 것을 두려워하지 않고, 현지인들과도 큰 편견 없이 어울리는 사람들이다. 굳이 이름 붙이자면 '탐험가형'이라고나 할까? 하지만 내 경험상 이런 사람들은 절충형에 비해서 그 수가 많지 않은 것 같다.

마지막으로, 그 수는 가장 적지만 제일 안타까운 유형은 '은

둔형'이라 할 수 있다. 남편의 해외발령 때문에 또는 아이의 특례입학 기준을 충족시키기 위해 어쩔 수 없이 해외에 나오기는 했는데, 여러 가지 이유로 해외생활에 적응하지 못하는 경우라 할 수 있다. 언어적인 능력이 부족해서 외국 사람들 앞에만 서면 얼어붙어 버리기 때문일 수도 있고, 한식 이외의 식단을 즐기지 않는 식성 때문일 수도 있다. 우리 회사에서도 한 번 해외근무를 마치고 귀국한 이후로는 절대로 다시는 해외에 나가지 않겠다는 직원들이 가끔 있는데, 대부분 아내 또는 아이들이 겪은 다양한 트라우마 때문이다. 사실 아이들이야 매일 학교라도 등교한다지만, 아내가 해외생활에 마음을 붙이지 못하고 괴로워하면 말 그대로 답이 없다.

 제법 오래 전 일이지만 우리 회사에서도 안타까운 사례가 있었다. 3년 동안 홍콩 지사에서 근무하던 한 직원의 아내가 매우 심하게 해외생활 부적응을 겪었다. 그 분은 남편과 아이들이 아침 일찍 집을 나선 후, 닭장처럼 비좁은 아파트에 혼자 있기가 싫어서 항상 외출을 하곤 했다는 것이다. 하지만 딱히 갈곳도 없고 내성적인 성격 때문에 만날 사람도 없었으니, 아이들이 하교하는 시간까지 거의 여덟 시간 가까이를 홍콩 시내의 공원이나 바닷가를 산책했다는 것이다. 3년 내내 말이다. 다른 주재원 아내들과 격의 없이 어울릴 정도로 외향적이지도 못했던 그 분에게 그 3년이 얼마나 답답했을까? 그 분은 남편과 아이들이 걱정할까봐 3년을 혼자 끙끙거리며 참다가 마침내 귀국하기 직전이 되어서야 남편에게 자신의 심정을 털어놓았단다. 아내의 고백을 들은 남편은 미안하고 죄스러운 마음에 아내를 끌어안고 그야말로 대성통곡을 했다고 한다.

한편, 적극적으로 밖에 돌아다니면서 사람들을 만나고 싶어도 그렇지 못한 환경 때문에 좌절하는 경우도 있다. 남편이 런던 지사로 발령이 나서 즐거운 마음으로 영국행 비행기에 올라탔는데, 막상 회사에서 정해준 월세 한도에 맞춰 집을 구하다 보니 런던 시내에서 기차를 타고 무려 1시간이나 가야 하는 소도시에 정착한 사례도 있었다. 결국 이 분은 3년 동안 영국에 머물면서 런던에는 손에 꼽을 정도로 가보았단다. 런던 지사에 발령받아 왔는데, 정작 런던에는 몇 번 가보지도 못하는 코미디 같은 상황이었던 것이다.

그런가 하면, 이슬람 율법이 엄격하게 적용되는 국가에라도 발령받아 가면 주재원 아내의 삶의 질은 그야말로 급격하게 추락하게 된다. 머리카락과 얼굴은 물론이고 몇몇 나라에서는 온몸을 이슬람식 복장으로 칭칭 휘감지 않으면 외출도 하지 못하는 경우들도 있다. 불과 몇 년 전까지는 여성이 운전도 못하는 이슬람 국가도 있었으니 그런 국가에 발령받은 주재원 아내는 그야말로 창살 없는 감옥에 갇힌 죄수 신세인 셈이다.

정말 감사하게도 외국인이나 외국문화, 외국 음식에 대한 두려움이 크지 않았던 내 아내는 미국에서는 물론 프랑스에서의 생활도 아주 즐거워했다. 매일같이 사무실에 출근해서 정신없이 일해야 하는 나, 학교 진도 따라가느라 바빴던 아이들과 비교해보면 우리 가족 중에서 가장 자유롭게 현지에서의 생활을 즐긴 것 같다는 생각마저 든다. 아내는 미국과 프랑스에 거주하는 동안, 외국인들에게 제공되는 무료 영어 강좌와 프랑스어 강좌를 잘도 알아내서 꾸준히 회화수업에 참여하곤 했다.

규칙적으로 무엇인가를 한다는 것이 아내에게 주는 성취감은 꽤 커보였다. 프랑스에서 보낸 3년의 기간을 오랫동안 취미로 익혀 왔던 바이올린 실력을 늘리는 기회로도 잘 사용했다. 파리에는 시민들로 구성된 아마추어 오케스트라가 꽤 많았는데, 어떻게 수소문했는지 모르겠지만 자기 힘으로 아마추어 오케스트라에 가입하여 꾸준히 활동했고, 심지어 1년에 두세 번씩 열리는 자선 콘서트 무대에도 서곤 했다.

아내는 다른 주재원 아내들과는 달리 골프도 치지 않았고, 그렇다고 모여 앉아서 이야기 나누는 것도 딱히 좋아하지 않는 성격이었다. 하지만 본인 스스로도 '호기심 소녀'라는 것을 인정할 정도로 새로운 것에 대한 호기심 하나는 충만한 성격인데, 아내의 그러한 성격이 해외생활과 이렇게까지 찰떡궁합으로 잘 맞을지는 나도 몰랐다. 우리 가족이 미국과 프랑스에서의 체류기간 동안 수도 없이 다녔던 그 많은 자동차 여행도 모두 아내가 처음부터 끝까지 계획을 짜고, 숙소와 식당을 예약한 덕분에 가능했었다.

파리 생활을 마치고 귀국하기 직전에 3년간의 생활이 어땠냐고 아내에게 별 기대 없이 물었었다. 평소에 낯간지러운 이야기는 절대로 하지 않던 아내가 "내 인생에서 가장 행복한 3년을 만들어줘서 너무 고마워"라고 대답했다. 아내의 입에서 나온 뜻밖의 감동적인 말에 나까지 가슴이 뭉클해져 "3년 동안 잘 지내줘서 내가 오히려 더 고마워"라고 대답했다. 정말로 잘 지내줘서 고마웠기 때문이다.

언젠가 아내가 처제(아내의 손아래 동생)와 나누는 전화통화를 우연히 듣게 되었다. 아이들이 중고등학교에 입학하게 되자, 처제네 식구들도 드디어 결단을 내려 해외 근무를 신청했고, 2021년 여름부터 말레이시아 쿠알라룸푸르에 거주중이다. 이미 3번의 해외생활을 경험 중인 아내의 충고는 현실적이고 솔직했다.

예를 들어, "오랜 기간 해외에 머물게 될 테니 자신이 집중할 만한 취미를 한 개는 가져야 한다." — 한마디로 외로움과 고립감을 이기기 위해서는 꾸준히 할 만한 무언가가 반드시 필요하다는 이야기다. "너무 한국 음식만 찾지 말고 적극적으로 해외음식을 즐겨라." — 그게 생활비 아끼는 지름길이다. "한국인들특히 다른 해외 주재원 아내들과 개인적인 이야기를 너무 많이 나누지 마라.” — 나중에 뒷말이 나오고 불필요한 소문이 돌게 된다 등등…

누구는 시댁에 제사지내러 안 가는 것만으로도 해외생활은 백점 만점에 백점이라고 한다. 설날과 추석 그리고 시부모 생일 이렇게 일 년에 딱 네 번만 국제전화를 걸어서 “어머, 어머님! 저희 몸은 여기 있지만 마음은 항상 어머님 아버님 곁에 있어요”라는 말만 해주면 되는 게 해외 주재원 아내가 누리는 최고의 특권이라는 우스갯소리도 한다.

하지만 실제로 말도 통하지 않고 온갖 생활은 불편하기만 한 것 투성이인 해외에서 아마도 가장 힘든 사람이라면 주재원의 아내가 아닐까 한다. 결국 해외에 거주하는 그 시간이 남편과 아이들을 위해 오롯이 자신을 희생하는 시간이기 때문이다.

오늘 하루도 나와 아이들은 아내가 아침 일찍 일어나 챙겨주는 아침을 먹고 각자의 일터와 학교에 다녀왔다. 혼자서 우두커니 집을 지키고 앉아 있던 아내에게는 어제와도 똑같고 내일과도 변함없는 하루였을 것이다.

처음 해외 근무를 시작할 때에는 퇴근하고 집에 들어설 때마다 아내에게 미안한 감정이 컸다. 나와 아이들의 하루하루가 아내에게 진 빚으로 영글어가고 있다는 마음 때문이었다. 하지만 사람 마음만큼 간사한 게 또 어디 있겠는가? 시간이 지날수록 미안함마저 옅어지고 있다는 것을 문득 깨닫게 된다. 아내에게 진 빚을 갚을 날이 언젠가는 와야 할 텐데…

오늘도 세계 곳곳의 낯선 나라에서 힘든 하루를 보내고 있는 모든 주재원 아내 분들에게 힘내시라는 말씀을 꼭 드리고 싶다.

"화이팅!"

성공의 척도는 프랑스의 성^{castle}과 인도의 팜하우스^{farm house}

여기에서 한 번 대놓고 속물적인 이야기를 좀 해볼까 한다. 바로 부동산 이야기이다.

몇 년 전 국내 TV 광고에서 '요즘 어떻게 지내냐?'는 친구의 질문에 '그랜저로 답했다'는 광고가 있었다. '성공'이라는 세속적 가치를 더욱더 세속적인 물질적 소유로 단순화시킨 것도 모자라 아예 특정 브랜드 자동차의 소유 여부가 곧 성공 여부라고 단정짓는 단순하고도 유치한 스토리텔링에 손발이 오그라들었던 기억이 있다.

하지만 되풀이해서 그 광고에 노출되다 보니 '부자=그랜저'라는 반복적인 메시지에 나도 모르게 수긍하기 시작했다. 돌이켜보면 그 광고가 만들어지기 이전부터 꽤 오랜 기간 축적된 해당 브랜드의 고급스러운 이미지를 잘 활용한 성공적인 광고였던 것 같다.

그로부터 몇 년이 지난 지금… 이제는 온 세상 사람들이 더 이상 그랜저 이야기는 하지 않고 대신에 가상화폐, 부동산 그리고 주식 이야기만 하고 있는 듯하다. 사무실 동료끼리 나누는 이야기도 뻔하다. "미국 주식 ETF에 투자해서 얼마를 벌었네", "비트코인으로 재미 봤다가 지금은 원금도 날렸네", "몇년 전에 대출 끼고 샀던 강남의 아파트가 얼마 올랐네" …

이제 미국 주식, 비트코인, 강남 아파트, 이 셋 중에 어느 하나라도 안 가지고 있으면 시대에 뒤떨어진 사람 내지는 '성공 못한 사람'으로 취급받는 시대가 되었다. 물론 이 셋을 다 가진 사람이 혹시 있다면(그리고 대출도 받지 않고 강남 아파트를 매수했다면) 정말 이 시대를 대표하는 성공의 화신이라 해도 과언이 아닐 듯하다. 몇 년 전 그랜저 광고를 지금 다시 찍는다면 '요즘 어떻게 지내냐'는 친구의 질문에 '강남 아파트로 답했다'라고 바꿔야 할 것 같다.

기왕 부동산 이야기 나온 김에 조금만 더 이야기를 이어가 보자.

우리나라에서는 강남에 아파트 한 채 정도는 갖고 있어야 성공한 사람이라면, 프랑스나 인도에서는 뭘 갖고 있어야 소위 '성공한 사람' 내지는 '금수저' 축에 드는 걸까? 나는 '소유한 부동산을 기준으로 성공한 사람 또는 금수저를 나눠본다면 어떤 기준일까?'를 혼자서 생각은 해봤지만 차마 현지인들에게 대놓고 묻지는 못했다.

하지만 프랑스와 인도에 살면서 개인적으로 체감한 '느낌적 기준'이라면 프랑스에서는 '성castle', 인도에서는 '팜하우스farm house' 정도는 가지고 있어야 하는 것 같다.

프랑스에 체류하는 동안 현지인이 소유한 성에 두 번 정도 초대받아 방문한 적이 있다. 첫 번째 초대받은 곳은 호비와 호지에게 바이올린을 가르쳐주시던 선생님이 소유한 성이었다. 그 분은 방의 개수만 해도 10개, 큰 식당dining hall과 뾰족탑까지 있는 자신의 성을 프랑스에서는 흔하디 흔한 '작은 성'이라고 소개한 후, 성에 도착하자마자 그 위용에 놀라 입을 다물지 못하는 우리 식구들을 성 안으로 안내해주었다.

지금 생각해보면, 먼지 뿌연 비포장 도로 끝이라는 의외의 장소에 서 있었기에 우리 가족이 좀 더 놀랐던 것 같기도 하다. 자신의 증조부가 골동품 거래를 통해 상당히 많은 재산을 모은 후 그 중 일부를 투자해서 1800년대 후반에 매입한 성이라는 설명을 듣고는 '이 사람들은 아파트가 아니라 성에 부동산 투자를 하는 건가?'라는 생뚱맞은 생각을 했던 기억이 난다.

두 번째 방문은 프랑스 중부의 리모주라는 도시에서 우연히 이루어졌다. 우리 가족이 프랑스 남부 여행을 마치고 파리로 돌아가던 길에 하룻밤 쉬기 위해 들른 캠핑장. 진입로부터 여느 캠핑장과는 달리 고풍스럽고 블링블링한 분위기가 느껴지더니만 진입로 끝에 웅장하게 서 있는 중세 고성을 발견한 우리는 저절로 탄성을 터뜨렸다. 알고 보니 그 캠핑장의 주인이 그 멋진 성의 '성주'였다. 서양 사람들만 가득한 캠핑장에 유일한 동양인이었던 우리 가족을 자기 성에 초대해 이곳저곳 친절하게 구경시켜 주었다. 성 입구에 놓여 있던 그 아저씨 소유의 2대의 클래식 오픈카와 캠핑장 구석에서 자유롭게 뛰어다니던 여러 마리의 사슴 무리까지⋯ 클래스가 다른 부자를 본 느낌이었다고나 할까?

그렇다면 인도는 어떨까? 인도에 도착한 직후 코로나 사태가 터지면서 현지인 친구를 만나거나 사귈 기회도 자연스럽게 없어졌다. 하지만 이 사람 저 사람으로부터 전해들은 이곳 현지 금수저들 이야기들 중에서도 흥미로운 이야기가 많다.

혹시라도 국제학교에 같이 재학 중인 인도인 친구의 생일 파티에 초대받아 갔다가 엄청난 규모의 대저택에 놀라고, 그 집에서 일하는 사람들domestic helper 숫자에 놀랐다면 그곳은 '팜하우스'일 가능성이 매우 높다. 실제로 다수의 인도 부유층들은 뉴델리 시내에 이른바 '팜하우스'를 갖고 있는데 이름만 듣고 순진하게 '주말농장' 수준으로 생각했다가는 큰 오산이다. 한마디로 우리나라 막장 드라마에 자주 등장하는 재벌가 대저택 정도라고 생각해야 가장 정확하다(구글에서 'farm house in New Delhi'로 이미지 검색 한 번 해보시면 느낌이 올 것이다). 집사와 보모, 가정부, 청소부, 요리사에 운전기사는 기본으로 있다 보니 종업원 수를 기준으로 보자면 거의 웬만한 중소기업급인 팜하우스도 적지 않다. 이쯤 되면 생일 파티 다음날부터 그 인도인 친구가 나와는 다른 세계, 아니 다른 우주에 속한 존재라는 게 실감나게 된다.

우리나라 사람들은 '잘 지내냐?'는 친구의 물음에 몇 년 전에는 '그랜저'로 답했고 지금은 "아이고, 꼴랑 한 채 있는 강남 아파트에 웬 놈의 세금을 이렇게 매기는지 모르겠네"라는 속 보이는 신세 한탄으로 대답한다면, 프랑스 사람들이나 인도 사람들은 똑같은 질문에 "어이구, 내 성^{castle} 유지하느라 일 년에 1만 유로가 넘게 들어가" 내지는 "팜하우스에 있는 종업원 10명 유지하느라 힘들어"라고 대답하지 않을까라는 약간은 엉뚱한 상상을 한 번 해봤다.

이런 상상을 하면서 '나도 성 한 채, 팜하우스 한 채 있을 정도로 부자라면 얼마나 좋을까'라는 생각을 안 해봤다면 물론 거짓말이다. 회사에서 주는 예산 한도에 딱 맞춰서 월세집 구해서 3, 4년 머물러 살다가 다시 귀국해서는 신도시에 있는 코딱지만한 아파트로 돌아가야 되는 주재원 입장에서는 물론 언감생심이지만… 뭐, 상상이야 한 번 해볼 수 있는 것 아닌가?

혼밥에 익숙해지는 자신이
——— 조금은 서글픈 이유

3년간의 파리 지사 근무를 마치고 한국으로 귀국한 2017년 1월, 본사로 출근하기 시작한 지 며칠 되지 않아 점심을 먹기 위해 사무실 동료 몇 명과 함께 회사 근처 식당에 들어섰다.

식당 안을 둘러보는데 우리 회사 고참 부장 4명이 한 테이블에 앉아 있는 모습이 눈에 들어왔다. 귀국하고 처음 얼굴 보는 사람도 있고 해서 한두 마디 인사를 나누고 내 테이블로 돌아왔는데 자꾸만 그들이 앉아 있는 테이블로 눈길이 갔다. 양복을 차려입은 늙수그레한 오십대 아저씨 네 명이서 작은 테이블(여의도에서 고급식당이 아닌 직장인들이 주로 다니는 저렴한 식당을 한 군데라도 가본 사람은 그런 식당들이 얼마나 협소한지 알 거다)에 앉아 팔꿈치를 부딪치며 말없이 칼국수를 먹고 있는 낯선 모습을 보고 있다가 불현듯 그들 네 명이 같은 해에 회사에 입사한 입사동기라는 걸 깨달았다.

'회사생활을 20년도 넘게 한 입사동기들끼리 딱히 죽고 못 살 정도로 안부가 궁금해서 만났을 것 같지는 않은데…'

나중에 알게 된 사실은 조금은 재미있으면서도 조금은 서글펐다. 점심시간만 되면 부장만 빼놓고 자기들끼리 점심 먹으러 나가는 젊은 직원들 때문에 번번이 사무실에 덩그러니 혼자 남겨지던 고참 부장들. 그나마 속 터놓기 편한 입사동기들과의 카톡방에서 누군가가 이야기를 꺼내자, 여기저기에서 비슷한 경험담이 쏟아지기 시작한 것이다. 자기만 '혼자 덩그러니 남겨지기'를 당한 게 아니고 다른 부장들도 쭈욱 그렇게 혼자 남겨진다는 것을 카톡방에 있던 부장들이 이제 모두 알게 된 것이다.

기분 나쁜 일도 나 혼자만 당하는 게 아니라는 것을 알게 되면 그나마 작은 위안이 되는 법. 누군가의 주도로 "그럼, 매일 11:50분까지 점심 약속 못 만든 사람끼리 모여서 같이 점심 먹으러 가자"라고 의기투합이 되었다는 거다. 그리하여 하루는 칼국수집, 하루는 순댓국집, 하루는 갈비탕집… 이렇게 젊은 직원들 눈치 안 보면서 오십대 아재들이 좋아할 만한 국물 뜨끈한 메뉴들을 돌아가면서 원 없이 먹는 '점심 번개 모임'이 만들어졌다는 거였다. 자기들만 남기고 떠나버린 젊은 직원들에게 '너희들 없어도 우리끼리 점심 잘 먹는다'라고 시위라도 하듯이 말이다.

그로부터 얼마 지나지 않아, 타사에서 우리 회사 임원급으로 새로 영입되어 오신 분과 점심 식사자리가 있었다. 어색한 분위기를 깨려고 이런저런 이야기가 오가던 중에 젊은 직원과의 세대 차이 이야기가 나왔다. 그 임원은 자기가 젊은 직원들의 생각과 행동을 많이 이해하고 존중한다는 것을 대화 내내 꽤나 힘주어 강조하고 있었다.

그 와중에 누군가의 입에서 '요새는 같은 팀에 있는 직원들과 점심 먹으려 해도 며칠 전부터 약속을 미리 잡아야 한다'는 말이 흘러나왔다. 그 임원은 "그건 너무나도 당연한 거죠"라는 말과 함께 "제가 다니던 회사에서는 자기 혼자 덩그러니 앉아 있으면 그걸 보게 되는 젊은 직원들이 부담을 느낄까봐 아예 점심시간 시작 5분 전에 조용히 사무실을 빠져나와서 혼자 밥 먹으러 가는 임원들도 있었어요. 젊은 직원들이 그런 분들을 '감각 있으신 분' 내지는 '꼰대답지 않은 분'이라고 좋아하는 분위기였어요"라며 말을 이어나갔다.

아직도 젊은 직원과의 점심식사를 그리워하고 있던 몇몇 고참 부장과 팀장들은 순식간에 머쓱한 구시대의 인물이 되어버렸다. 이제 우리 세대는 젊은 직원들의 존경과 칭송을 받기 위해서는 점심시간에 알아서 사라져줘야만 하는 신세가 되었다. 저녁 회식 때 카드만 주고 사라져주기만 하면 될 줄 알았는데, 이제는 점심 때에도 사라져야 쿨한 선배가 된단다.

우리 세대가 신입사원이었을 때만 해도 일하는 시간도 모자라 점심시간, 저녁 식사시간에도 선배 직원들과 같은 공간에서 부대끼는 게 당연하다고 생각했었다. 밥때가 되기 전에 알아서 식당을 예약해 놓고, 먼저 식당에 뛰어가서 자리를 잡은 후 물 컵이랑 숟가락과 젓가락을 선배들 앉을 자리에 가지런하게 정 렬해놓지 않으면 '눈치 없는 부하직원'이라는 지청구를 받던 시 절이었다.

젊었을 때 우리가 선배들을 대우했던 것을 회상하면서 지금 의 젊은 직원들을 바라볼 때마다 본전 생각이 안 난다면 그건 솔직히 거짓말이다. 하지만 어쩌겠는가? 이미 세상은 빠르게 바뀌었고, "그렇지 않아도 꼴 보기 싫은 팀장, 부장 얼굴을 점 심시간에도 봐야 하나요? 나 혼자서 내 시간을 보람 있게 보낼 래요"라는 젊은 직원들의 목소리는 이제 '국룰'이 되었다. 업무 시간도 모자라 밥 먹는 시간까지 미주알고주알 업무 관련 잔소 리에, 원하지도 않는 인생 상담에, 꼬치꼬치 사생활 캐묻는 이 야기에, 나랑 맞지도 않는 정치 성향까지… 들려줄 필요도 없 어졌고, 들어줄 의무도 없어졌다.

2020년 초, 내가 인도에 도착한 지 몇 주 만에 코로나가 급격 히 확산되었다. 그 때문에 한국인 직원과 인도 직원이 모여 앉 아 도시락을 먹으며 콩글리시와 인도식 영어가 잠깐 오가다가 이내 긴 침묵이 계속되곤 했던 어색한 점심 식사는 중단되었 다. 이후로는 최소 인원만 사무실에서 근무하고 대부분 재택근 무를 하다 보니 점심은 도시락 혼밥이 당연해졌다.

아무리 간단한 점심 도시락이라지만 엄연히 한 끼의 식사다. 평일 저녁과 주말에 설거지는 내가 하겠다고 나서고 있지만, 일주일에 닷새 꼬박 아침마다 도시락을 챙겨야 하는 아내에게 한없이 미안한 형국이 되었다.

그나마 인도에서의 혼밥이 나에게 준 선물이 한 가지 있는 것 같다. 앞으로 한국으로 귀국하게 되면 너무나도 당연히 나에게 찾아올 '점심시간에 덩그러니 혼자 남겨지기'에 맞닥뜨리더라도 크게 당황하지 않고 의연하게 혼밥을 할 수 있을 것 같다. '혼밥 할 줄 아는 멋진 아재'의 분위기를 아주 자연스럽게 식당 이곳저곳에 뿜뿜하면서 말이다.

이렇게 젊은 세대와의 공존 방법에 조금 더 익숙해진 거는 분명 좋은 일인 것 같은데, 마음 한 구석이 섭섭한 건 왜일까?

꼰대 테스트 :
빈 칸에 알맞은 부사를 넣으세요 ———

아주 잠시만 시간을 내주시면 당신의 '꼰대력'을 테스트해 드리고자 한다. 문제도 딱 한 문제다.

'우리는 인생을 _ _ _ _ 살아야 한다.'

위의 빈 칸에 알맞은 부사를 넣는다면 무슨 말을 넣어야 할까? 머릿속으로 떠올려 보시기 바란다.

(1) 만약 당신이 '열심히'라는 부사를 가장 먼저 떠올렸다면 당신은 두세 가지 심각한 문제에 직면해 있을 가능성이 있다. 분명히 빈 칸이 네 칸인데, 세 글자짜리 부사가 떠올랐다면 당신은 시력이 매우 안 좋거나 아니면 글자 수에 상관없이 가장 어울리는 부사는 오로지 '열심히'라는 부사 밖에 없다는 고정관념에 사로잡혀 있을 가능성이 매우 높다. 돋보기를 맞추시거나 아니면 생각을 확 바꾸셔야 한다. 그렇지 않으면 당신의 꼰대

력은 '10점 만점에 10점'에 쭈욱 머물게 될 가능성이 매우 높다.

(2) 만약 당신이 글자 수에 맞춰 떠올린 말이 '성실하게', '끈기있게', '부지런히' 등등 '열심히'라는 부사어의 사촌동생들이라면? 음, 한 번 생각해보자.

우리 부모님은 우등상은 못 받더라도 개근상은 무조건 받아야 한다고 말씀하시곤 했다. 그 덕분에 나는 고등학교 졸업까지 열두 개의 개근상을 받았다. 뭐, 딱히 자랑거리 아니라는 거는 말 안 해주셔도 잘 안다. 부모님 등쌀에 개근상 열두 개 받고 졸업한 대한민국 국민들이 나 말고도 셀 수 없이 많을 테니까 말이다.

발바닥에 생긴 티눈이 덧나서 걷지 못할 지경이어도, 위경련으로 병원에 당장 실려 가야 하는 상황에서도 일단 등교는 하고 나서 조퇴 허락을 받고 병원에 가야만 했다. 너무나도 당연하게 감기 몸살 따위는 학교를 결석할 수 있는 이유에 끼지도 못했다.

부모님 세대의 이런 '성실 지상주의'는 나와 내 아내 세대까지 이어져 내려왔다. 세월이 삼십 년이나 흘러서 많은 것이 좋아졌는데도 맞벌이 부부가 살아가기에는 2000년대도 녹록하지 않았기 때문이다. 아이가 아파도 당장 봐줄 사람이 없는 현실 속에서 아내는 "애들아, 쓰러지더라도 학교에 가서 쓰러져라"

라는 말을 입에 달고 살았다.

(3) 학교를 졸업하고 회사에 들어온 후 자주 듣게 된 부사어들도 많다. 나의 인생까지는 아니어도 회사생활을 어떻게 해야 하는지를 묻지 않아도 때로는 필요 이상으로 친절하게 가르쳐주던 선배들의 네 글자 부사어들… '좀 알아서' 해놔라, '부지런히' 안 챙기냐?, '그때그때' 확인했었어야지, '미리미리' 하라고 내가 말했어 안 했어?, '눈치껏 좀' 처신해라, '그러려니' 하고 넘어가라, 나는 개떡같이 말해도 너는 '찰떡같이' 알아들어야지, '빠릿빠릿' 안 움직이냐? 등등…

지금 돌이켜 생각해보면 개근상을 강요했던 우리 부모님은 물론 나와 내 아내는 당연히 꼰대이고, 저런 주옥같은 부사어를 나에게 쏟아 부었던 직장 상사들도 모두 꼰대들이다(혹시 저런 말들을 나도 하지는 않았는지 지금 가슴에 손 얹고 반성중이다).

결론적으로, 당신이 '성실하게', '끈기있게', '부지런히', '꾸준하게' 등의 부사를 떠올렸다면 당신의 '꼰대력'도 꽤 높은 수준일 것 같다.

그렇다면 나 자신을 '젊은 세대'로 빙의해서 빈 칸에 알맞은 부사어를 넣어보자. 독자분들은 무슨 부사어를 넣고 싶으신가요? 글자 수를 꼭 네 글자에 안 맞춰도 되니 자유롭게 떠올려보시기 바란다.

(4) 코로나가 우리에게 준 거의 유일한 즐거움은 회식이 줄어들면서 가족들과 보내는 저녁시간이 늘어났다는 것이다. 난 가족들의 의견이 궁금해서 저녁 식탁에서 한 번 물어봤다. 가족들의 대답은 약간 엉뚱했다.

- 첫째 딸 호비: '나를 위해'··· 근데 좀 이기적인가? '배려하며'라고 해야 하나?
- 둘째 딸 호지: '알차게'··· 아니면 '테슬라 주식과 함께'

나는 아내를 쳐다보며 물었다.

"당신 생각은 어때?"

- 아내: 응? '독!신!으!로!'

아, 졌다! 우리 네 명 중 가장 덜 꼰대스러운 사람은 아내였다.

p/s. 고백하자면 사실 나는 몇 년 전에 회사의 젊은 직원 한 명과 사석에서 이야기를 나누다가 내 개인적인 생각으로는 가장 정답에 가까운 부사어를 그 직원으로부터 듣고 그 솔직함과 당당함에 적잖이 놀란 적이 있다. '저렇게 되바라지게 이야기해도 되나?'라고 마음속으로 생각했다가 퍼뜩, '아, 저 대답을 되바라지다고 생각하는 것 자체가 꼰대스러운 거구나'라는 생각이 들었다. 그 젊은 직원이 말한 대답은 다름 아닌 '행.복.하.게.'였다. 너무나도 당연히 가장 먼저 나왔어야 할 부사어 아닌가! 그 부사어가 우리의 입에서 나오기가 왜 이리도 힘든 걸까?

인도 교민들이 귀국하는 게
그렇게도 싫었나요?

2021년 5월, 인도에서의 코로나 확진자 수가 하루 40만 명을 넘어서면서 인도에 거주하고 있는 교민과 주재원을 한국으로 일시 대피시켜야 한다는 여론이 조성되기 시작했다. 산소통을 구하기 위해 길게 늘어선 인파들, 산 사람과 죽은 사람이 섞여 있는 공공병원의 병실, 화장터를 뒤덮은 검은 연기들… 인도 교민들이 참혹한 상황을 잠시라도 피하게 해주기 위해서 필요한 조치라는 논리가 정당성을 얻고 있었다.

하지만 반대 의견들도 많았다. 인도 교민과 주재원들을 '바이러스 덩어리'라고 부르며 "한국의 의료 상황도 힘드니까, 귀국하지 말고 살든지 죽든지 인도에 있어라"라고 말하는 것까지는 그래도 참을 만했다. 질병에 대한 공포 때문에 나온 감정적 반응이려니 했다.

하지만 부정확하거나 때로는 아예 잘못된 정보에 근거한 선동적이고 자극적인 주장들이 특히 인터넷 댓글을 중심으로 빠르게 확산되면서 나는 아예 인터넷 댓글을 읽지 않기 시작했다. 아이들도 상처받을까봐 인도 관련 기사에 달린 댓글에 대해서 신경 쓰지 말라고 이야기해 두었다.

부정확하거나 선동적인 댓글은 종류도 가지가지였다. 처음에는 우리 정부가 인도 교민들이 귀국하는 전세기 비용을 지불한다는 소문이 돌면서 "세금을 그런 데에다 낭비하냐"는 비난 여론이 일었다. 하지만 귀국하는 교민들은 우리 정부로부터 단돈 십 원도 지원받지 않았다. 대신 항공사가 평소 가격의 2배나 넘게 책정한 전세기 금액을 자비로 지불했다. "검은머리 외국인들을 왜 도와주냐"라는 무지한 반응도 있었다. 지금 생각해보면 이 댓글을 쓴 사람은 검은머리 외국인의 의미나 제대로 알고 있었나 모르겠다. 검은머리 외국인은 외국 국적을 취득한 후에 자신에게 유리할 때에만 그것을 사용하는 사람들을 말한다. 인도에 거주하는 약 1만 명의 교민과 주재원 중에 인도 국적을 취득한 '검은머리 외국인'은 1퍼센트도 되지 않는다. 모두 자랑스러운 대한민국 국민들이다.

인도 교민들이 한국 도착 직후 머무는 시설격리 비용을 그들에게 부담시키지 않고 세금으로 충당한다는 것이 알려진 직후부터는 "대한민국에 세금도 내지 않는 사람들을 왜 돕느냐"는 주장도 나왔다. 사실 6개월 이상 해외에 거주하면 국내에 세금을 납부하지 않는 것은 맞다. 하지만 세금이란 게 무엇인가? 국가가 보건의료, 교통, 행정, 교육 등 각종 서비스를 제공하는 대가로 자국 땅에 거주하는 사람들에게 징수하는 것 아닌가? 그러기에 우리나라에 거주하면서 경제활동을 영위하는 외국인들에게도 우리 정부는 세금을 징수한다.

그런데 인도에 살면서 한국이 제공하는 질 높은 공공서비스를 전혀 받지 못하는 교민들에게 세금만 내라는 것은 도대체 무슨 논리인가? 게다가 납세 여부가 그렇게도 중요한 기준이라면 우리나라에 살면서도 세금을 내지 않는 청소년, 노인층, 저소득층 등도 마찬가지로 코로나에 걸렸을 때 죽게 내버려둬야 된다는 말인가? 한국 내 거주하는 외국인 환자들도 우리 정부가 나서서 적극적으로 치료해주면서 정작 해외에 있는 자국민들에게는 이렇게 차갑고 모진 말들이 쏟아지는 현실이 답답했었다.

다행히 전세기가 편성되어 많은 교민 가족들이 한국에 도착했고, 코로나 전염이 가장 극심했던 여름을 건강하고 안전하게 한국에서 보낼 수 있었다. 하지만 당시 인터넷을 중심으로 퍼진 댓글을 보면서 인도 교민사회의 구성원들이 받은 심리적인 충격과 상처는 제법 컸다.

통계청의 '한국 재외동포 통계'에 따르면, 2019년 현재 해외에 거주하는 해외동포는 약 749만 명이며 이 중 해당국가에 영주할 목적으로 시민권이나 영주권을 취득한 사람들이 584만 명, 주재원이나 유학생 신분으로 단기체류중인 사람들이 약 165만 명이다. 얼핏 보면 시민권자 또는 영주권자의 비중이 매우 높다. 하지만 이들은 중국(216만 명), 미국(191만 명), 일본(74만 명), 캐나다(19만 명)에 집중되어 있다. 한마디로 웬만큼 먹고살 만한 나라에만 영주권자나 시민권자가 몰려 있다는 이야기이다.

그렇다면 개발도상국의 경우는 어떨까? 예를 들어, 인도의 경우 주재원 등 단기체류자가 11,251명, 영주권 또는 시민권 보유자는 단 22명이다. 주재원 그리고 소수의 유학생 등 단기체류자가 전체 교민사회의 99.8%를 차지하는 주재원 중심의 교민사회이다.

인도만 그럴까? 아시아에 널리 분포하는 개발도상국들도 상황은 비슷하다. 시민권자 또는 영주권자 vs 주재원 등 단기체류자의 비율은 각각 베트남(0명 vs 172,684명), 캄보디아(0명 vs 16,969명), 라오스(8명 vs 2,980명), 미얀마(18명 vs 3,842명) 등으로 나타난다. 조금 심하게 말하자면 회사에서 가라니까 억지로 온 나라들이며, 잠시 머물며 돈 벌다가 인사발령나면 언제든지 떠날 나라들이다. 우리나라 기업들이 생산법인을 설립하면서 해외 주재원들을 대거 파견한 대부분의 개발도상국 상황이 거의 똑같다.

내가 미국과 프랑스 그리고 인도에 거주하면서 겪어본 각각의 교민사회는 조금씩 성격이 달랐다. 미국의 경우 250만 명이나 되는 교민과 주재원들이 넓은 땅에 흩어져 살다보니 교민사회의 성격이 도시마다 다르다. 예를 들어, 내가 거주했던 일리노이주의 어바나−샴페인은 인구가 10만 명밖에 되지 않는 대학도시campus town였고, 짧게는 2년 길게는 7, 8년 정도 거주하는 유학생들이 교민사회의 중심을 이루는 도시였다. 물론 경제적으로 안정되지 못한 젊은 유학생 중심의 교민사회라는 한계점도 있었지만, 젊고 활기에 차 있었고 역동적이었다.

프랑스는 시민권자와 영주권자가 약 1만5천 명, 유학생과 주재원이 약 1만4천 명으로 두 그룹이 균형을 이루는 교민사회였다. 교민사회의 원로그룹들은 1970~80년대부터 주재원 등의 형태로 파견되었다가 정착한 사람들로 구성되었지만, 그보다 젊은 세대들은 유학 등의 목적으로 왔다가 정착한 사람들의 비중이 좀 더 많았다. 제법 성공한 사업가부터 변호사나 교수 등 사회 전문직으로 진출하여 그 사회에 정착한 시민권자도 다수 있다. 물론 유학생 그룹의 경우 짧게는 몇 달 길게는 몇 년 정도 체류하다 귀국하는 행태를 보이고 있기는 했다.

인도의 경우에는 미국이나 프랑스와는 교민사회의 구성이나 활동이 매우 다르다. 이미 말했듯이 주재원이 전체의 99.8%를 차지하기 때문에 철저하게 이들에 의해 교민사회가 움직이는데 뉴델리, 뭄바이, 첸나이 3개 도시에 각각 4:3:3의 비율로 흩어져 거주한다. 벵갈루루나 콜카타 같은 다른 대도시가 아니라 이들 3개 도시에 한국인들이 집중된 이유는 무엇일까? 우리나라 대기업인 삼성, 현대, LG 등의 인도 생산공장은 물론 이들과

협업하는 협력업체들이 이들 도시 인근에 위치하기 때문이다.

지금 인도에 근무하고 있는 주재원 중에서 '인도 현지법인으로 가라'는 발령을 받고 뛸 듯이 기뻤던 사람이 몇 명이나 있었을까? 대부분은 회사에서 가라니까 싫어도 온 것이다. 그럼에도 온갖 열악한 환경을 극복해가며 현대자동차는 인도 내수시장 2위라는 기적을 만들어냈고, 삼성 핸드폰도 한때 인도 시장을 점령했던 중국 핸드폰과 막상막하의 1등 경쟁을 벌이고 있다. LG 가전에 대한 인도 중상류층의 사랑도 오래되었다. 이들 회사들은 물론이고 이들의 협력업체에서 근무하면서 혼과 열정을 쏟아 부은 수많은 주재원들 덕분이다.

이들 기업들이 인도에서 벌어들인 순이익과, 또 그 순이익 덕분에 우리나라 정부에 납부한 법인세는 엄청난 금액이 될 것이다. 한국에 살고 있는 국민들이 너무나도 당연하게 향유하는 각종 공공서비스를 하나도 받지 못하는 열악한 상황 하에서도 해외 주재원들은 우리 기업과 정부 그리고 국민들을 위해 피땀을 흘리며 열심히 돈을 벌었다. 인도는 물론이고 동남아와 동부 유럽에 퍼져 있는 주재원들이 우리나라 경제에 이바지한 것을 다 합친다면 그 규모가 상상을 초월할 것이다.

우리나라는 이미 오래 전부터 세계 거의 모든 나라와 교역을 하거나 해외투자를 할 정도로 국제화되었는데, 아직도 우리나라의 일부 시민들은 옛날 사고방식을 갖고 있는 듯하다. 아직도 '우리' 나라에 살면서 직접 세금을 내는 사람만 중요하고, 해외에 살면서 국위를 선양하고 막대한 기업이익과 여기에서 파생되는 엄청난 세금을 벌어다주는 사람들을 과소평가하는 그런 국수주의적 태도 말이다.

앞으로 우리나라의 국력과 경제력이 커질수록 세계 경제와의 교류는 늘어날 것이고, 그만큼 해외 주재원도 더 많이 필요하게 될 것이다. 천연자원도 부족하고 내수시장 규모도 작은 우리나라의 숙명이다. 그런 미래가 우리들에게 다가올 때, 개발도상국의 열악한 환경을 극복하고 막대한 국익을 창출한 '산업역군'들에게 차갑고 모진 말들을 쏟아냈던 2021년 5월이라는 시간이 다시 되풀이되지 않기를 조용히 염원해본다.

어쩌다 코로나 시대에
──── 인도에 살고 있습니다

〈리어왕〉 제4막 1장, 눈 먼 아버지를 만난 에드가는 절규한다.

셰익스피어의 비극 중 비통과 격정이 작품 전체를 휘감는 가장 역동적인 작품을 고르라면, 내 개인적인 생각에는 〈리어왕〉이 단연 으뜸이 아닐까 한다. 사랑하던 피붙이들에게 외면당한 아버지는 광기에 사로잡혀 광야를 헤매고, 그 와중에 예닐곱 명은 족히 되는 주요 등장인물들이 쉼 없이 죽어나간다.

칼에 찔려 죽고(콘월 공작, 에드먼드), 눈이 뽑힌 후 슬픔을 못 이겨 죽고(글로세스터), 독살당하고(둘째 딸 리건), 자살하고(첫째 딸 거너릴)… 가장 비극적인 장면이라면 셋째 딸 코델리아의 시신을 끌어안고 절규하던 리어왕이 세상을 떠나는 제5막 3장이다.

하지만 리어왕을 섬기던 충신 글로세스터 집안의 비극이 드러난 제4막 1장도 그에 못지않게 처참하다. 동생에게 모함 받은 자신의 신세를 한탄하던 맏아들 에드가는 눈이 뽑힌 아버지(글로세스터)를 발견하고는 그동안 자신이 입버릇처럼 이야기했던 "지금이 최악의 상황이구나"라는 말이 얼마나 사치스러운 말이었는지를 깨닫고 절규한다.

'최악'이라는 말이라도
내뱉을 수 있는 상황이라면
아직 최악은 아니로구나.

The worst is not
So long as we can say
"This is the worst."

불평이라도 할 수 있고, 최악의 상황이라고 소리라도 지를 수 있다면 그나마 나은 상황이라는 말이다. 에드가의 이 대사가 예언이라도 된 걸까? 이후로 연극은 한 가문이 모두 목숨을 잃는 최악의 상황을 향해 거침없이 치닫는다.

2021년 5월, 인도의 코로나 상황이 최악을 기록하다

2021년 5월, 인도의 코로나 상황은 돌고 돌아 결국은 제자리에 돌아왔다. 아니, 좀 더 정확히 말하면 2020년보다 상황이 더 안 좋아졌다. 2020년 9월, 인도 전역의 하루 확진자가 약 9만8천 명을 기록했었고, 뉴델리에서는 11월 즈음에 하루에 몇 천 명의 확진자가 발생했었다. 하지만 무섭던 코로나 확산 기세가 한 풀 꺾이고 나자 나를 포함해서 인도에 사는 대부분의 사람들은 '최악은 지나갔다'라고 믿었다.

2021년 봄, 인도 국민들은 예전의 일상생활로 거의 복귀한 듯 했다. 통행금지 조치로 생업을 위협받아 왔던 사람들은 부지런히 일터를 찾았다. 그렇게 꽤 오랜 기간 동안 확산세는 안정화된 듯 보였었지만 실상은 시한폭탄이 째깍거리고 있었다. 불과 몇 주 사이에 확진자 수가 폭증하기 시작하더니 2021년 5월에는 인구 2천만 명인 뉴델리의 하루 확진자가 2만5천 명을 넘어섰고, 인도 내 전체 확진자도 41만 명을 넘어섰기 때문이다. 2020년 가을(9만8천 명)의 4배가 넘는 숫자였다.

정말로 안타까운 점은 그 누구도 이러한 사태를 의도한 사람은 없었다는 거다. '열심히 코로나를 전파시켜야지'라는 생각을 가진 사람이 누가 있었겠는가? 하루 벌어서 하루 먹고사는 인구가 수억 명에 달하는 인도 상황에서 그저 자기 식구들 먹여 살리기 위해 일터에 나가서 열심히 일을 하는 것 이외에 다른 대안이 없었을 것이다. 슬프게도 그런 선한 의도가 '의도하지 않은 결과'를 낳은 것이다.

〈리어왕〉의 마지막 부분인 제5막 3장에서는 아버지와 함께 포로가 된 셋째 딸 코델리아가 자기 아버지를 애써 위로하려고 말을 건넨다.

좋은 의도를 가졌지만

최악의 결과를 맞은 게

우리가 처음은 아니에요.

We are not the first

Who with best meaning

have incurred the worst.

2021년을 인도에서 살아가고 있는 사람들에게 코델리아의 위로는 공허하다. 우리와 같은 고통을 겪는 사람들이 우리뿐만이 아니라는 게 어찌 위로가 되겠는가? 나의 가족뿐만 아니라 다른 가족들도 슬픔을 겪고 있다는 게 무슨 위안이 될까?

결국 코로나로 인한 전 세계 사망자가 3백만 명을 돌파했다는 뉴스가 들려온 지 며칠 안 된 2021년 4월 19일, 뉴델리에 다시 한 번 통행 제한령이 내려졌고, 그것은 몇 주간 계속되었다.

도대체 왜 이리도 급격하게 확산되었던 것일까?

2021년 3월에서 5월까지 불과 두 달 사이에 인도 전역의 하루 신규 확진자가 1만 명 남짓에서 40만 명으로 30배가 넘게 늘어났다. 당시 현지 뉴스 매체들은 'monster surge(괴물 같은 폭증)', 'World's Worst Spike(세계 최악의 확산세)', 'Public in Total

Panic(대중은 혼란에 빠졌다)', 'Rumors of Loot and Riot(탈취와 폭동 소문)' 등의 자극적인 헤드라인을 쉼 없이 내보냈다.

왜 이렇게도 급격하게 코로나가 재확산되었던 걸까? 인도에서는 봄에 두 개의 힌두교 축제인 홀리Holi 축제와 쿰브 멜라Kumbh Mela 축제를 지킨다. 이 시기가 되면 유명한 힌두교 성전과 갠지스 강에 수십만 명의 인파가 몰려드는데, 2021년도 예외는 아니었다.

놀라운 것은 거의 대부분의 신자들이 마스크를 쓰지 않았음은 물론이고 사회적 거리두기는 가볍게 무시하고 빽빽하게 모여 있는 모습이었다. 영국의 방송사 BBC를 포함해서 인도를 비교적 객관적으로 다루는 외신들은 이러한 종교 행사가 코로나 확산에 상당한 영향을 미쳤을 것이라고 보도했다.

하지만 인도 언론들의 태도는 상당히 달랐으니, 힌두교 종교 집회를 비판하는 보도를 찾아보기 힘들었다. 인도 인구의 절대다수를 차지하는 힌두교도들, 그 중에서도 현 집권여당인 BJP당의 지지기반인 힌두교 근본주의 세력의 심기를 건드릴 생각이 없었던 것이다. 대신 '언제나 그렇듯이' 이슬람교도들을 희생양으로 삼고 있었다.

불과 몇 십 명의 농민들이 모여 이프타르(라마단 기간 중 일몰 후에 갖는 식사)를 즐기는 모습을 찍은 한 현지 뉴스는 'Covidiots(covid +idiots, 코로나 멍청이들)'이라는 자극적인 제목의 헤드라인과 함께 하루 종일 이들을 비난하는 보도를 내보냈다. 한마디로 '지금의 확산세는 수십만 명이 모였던 힌두교 종교축제가 아니라 이슬람 세력 때문'이라고 사실을 호도하는 것이었다.

게다가 적발된 사람들은 모디 총리가 추진 중인 농산물 유통법에 반대하면서 몇 달째 뉴델리 주 경계에서 연좌농성 중인 농민시위의 주동자들이었다. 인도 정부 입장에서는 눈엣가시 같은 이슬람 세력과 정부의 개혁입법을 반대하는 농민들을 한꺼번에 공격할 수 있는 '일타쌍피'의 기회를 놓치지 않은 것이다. 내부의 불만을 잠재우기 위해 외부에 희생양을 만들어 이들에게 모든 비난을 집중시키는 저급한 정치적 술수라는 생각을 지울 수 없었다.

무책임한 정치계와 언론계

2021년 4월. 인도의 5개 주에서 1억8천만 명의 유권자가 참여하는 지역단위 선거가 진행되면서 엄청난 규모의 정치집회가 연일 계속된 것도 불씨에 기름을 끼얹은 꼴이었다. 우리나라도 1970~80년대 각 정당들이 대중집회에 얼마나 많은 사람들이 모이느냐를 놓고 경쟁하면서 여의도에 수십만 명이 모이는 정치집회가 심심치 않게 열리곤 했다는데, 인도가 바로 그 모양새였다. 마스크는 물론 사회적 거리두기는 당연히 없었다. 자기가 지지하는 정당과 후보자를 열광적으로 응원하는데 그런

거추장스러운 게 뭐가 필요했겠는가?

신규 확진자가 하루 1만 명을 넘어선 웨스트벵갈 주에서 하루에 3번이나 대규모 집회를 연 사람이 다름 아닌 인도 내무부 장관이자 모디 정권의 사실상 2인자였으니 '정치권이 국민의 생명보다 표를 앞세운다'는 비난을 받아도 할 말이 없는 상황이 벌어진 것이다.

이쯤 되니 의료 시스템이 버텨낼 재간이 없었다. 치료는 고사하고 생명 연장에 필요한 산소통마저 부족하다 보니 중앙정부와 주정부는 산소통을 찾아 헤맸다. 그 와중에 중앙정부와 뉴델리 주정부는 산소통 확보를 놓고 이견을 보이다가 급기야 정치인들끼리의 말싸움으로 번지면서 '네 탓이요' 타령만 계속했다.

몇몇 정치인들은 힘겹게 구한 산소통이 병원으로 들어가는 길목을 막고 기념사진을 찍느라 다시 몇 시간을 지체했다. 그 알량한 사진 몇 장 때문에 자신의 가족이 사망했다는 소식을 나중에서야 알게 된 유가족들의 울음소리는 처절했다. 오죽하면 코로나 사태를 논의하기 위해 현지 방송에 출연한 의사 한 사람이 "종교와 정치가 판을 치면 과학은 설 자리를 잃는다"라며 인도 상황을 한탄할 정도였다.

자극적인 소식을 보도하는데 급급한 언론의 행태 또한 사태 해결에 거의 도움이 되지 않았다. 화장터 시설이 부족해서 길거리에서 수십 구의 시체를 화장하는 장면, 죽어가는 환자들과 이미 사망한 환자들이 같은 병실에 누워 있는 참혹한 장면, 환자로 가득 찬 병원에 들어가지도 못하고 앰뷸런스에서 죽어가는 환자들과 그 옆에서 울부짖는 가족들을 반복적으로 보여줬다.

게다가 모디 총리를 포함한 정치인에 대한 '컬트' 수준의 지지와 함께 눈에 보이지 않게 교묘히 행해지는 정부의 언론탄압, 집권여당에 비판을 가하는 언론인에 대한 빈번한 테러 또한 인도 언론을 옥죄고 있었다. 실제로 '국경 없는 기자회 Reporters Without Borders'에서 집계한 언론자유지수(https://rsf.org/en/ranking)에서 인도는 세계 180개국 중 142위에 머물러 있다.

부실한 의료체계, 당리당략에 함몰된 정치인들, 수준 낮은 언론, 현지인들마저 한탄할 수준인 미신적 종교 행태… 이 모든 역경에 둘러싸인 2021년 5월의 인도는 과학이 전염병과 싸우기에 매우 힘든 곳이었다.

우리 사무실에서도 발생한 확진자

그렇게 하루 확진자 40만 명이라는 기록적인 숫자를 연달아 갱신하고 있던 바로 그 시기에 우리 회사 역시 그 위험으로부터 자유로울 수 없었다. 회사 내 교차 감염을 방지하기 위해 최소 인원만 사무실에서 근무하고 나머지는 전원 재택근무를 이어간 지 몇 주가 흐른 5월 말의 어느 날이었다.

그 날도 1주일에 한 번씩 열리는 화상회의를 시작했는데, 여직원 한 명의 얼굴이 화면으로 보기에도 꽤나 안 좋아보였다. 아니나 다를까, 회의가 끝나고 다른 사람들이 모두 빠져나가자 그녀가 입을 떼었다.

"보스…, 제 남편과 시어머니가 코로나에 확진되었습니다."

자기가 확진되었다는 이야기는 하지 않았다. 하지만 상황은 이내 짐작할 수 있었다. 아직도 인도 대부분의 가정은 우리가 과거에 즐겨보던 TV 드라마 〈전원일기〉나 〈대추나무 사랑 걸렸네〉와 같이 2대, 3대가 옹기종기 모여 사는 거주 형태이다. 시어머니는 물론 같은 방을 쓰는 남편까지 확진되었는데, 본인이 감염되지 않았을 리가 없었다.

회사에 산업전문가가 필요해서 몇 주간 사람을 물색해서 2021년 3월에 간신히 쓸 만한 직원을 찾았다고 기뻐하던 것도 잠시였을 뿐, 채용되자마자 폭발적으로 늘어나기 시작한 확진자 때문에 그녀는 입사를 위한 인터뷰와 고용계약서 작성을 위해 사무실을 딱 두 번 방문했을 때를 제외하고는 나와 만나지도 못했다. 그 이후로는 전화, 이메일, 왓츠앱(우리나라의 카카오톡과 유사한 앱), 그리고 화상회의를 통해서만 소통하고 있는 터였다.

모르긴 몰라도 자신의 확진 사실을 털어놓으면 내가 어떤 반응을 보일지 몰라서 남편과 시어머니의 확진 사실만 나에게 이야기하면서 나의 반응을 탐색해보는 것일 수도 있었다. 화를 낸다고 해결될 일도 아니고, 그녀를 비난할 일도 아니었다.

"솔직하게 말해줘서 고맙다. 두 분의 쾌유를 기원한다. 본인의 감염 가능성도 있으니 빨리 검사받아보고 결과를 알려 달라."

내가 차분하게 이야기해줬더니 꽤나 안심하는 눈치였다. 그날 퇴근시간이 되기도 전에 자신도 확진되었다는 왓츠앱 메시지가 도착했다. 그녀는 매일매일 확진자가 쏟아져 나오는 무서운 확산세 속에서 희생당한 운 없는 환자일 뿐이었다.

갈길 먼 백신 접종의 길

결국 백신 접종만이 기댈 수 있는 유일한 희망이었다. 2021년 1월 중순에 시작된 인도의 백신 접종 속도는 너무나도 느렸고, 4월 말이 되도록 접종 완료율은 2%를 넘지 못했다. 14억 명의 거대 인구가, 21세기인 대도시와 17세기인 가난한 농촌지역에 흩어져서 살고 있는 나라이니 어쩔 수 없는 면도 있었다.

나와 내 아내는 45세 이상을 고령자로 취급하는 인도의 관대한 노인정책 덕분에 그나마 5월 중에 접종을 완료할 수 있었지만, 같은 사무실에 근무하는 젊은 현지 직원들이 걱정이었다. 사무실의 행정을 총괄하는 직원으로 나이가 좀 있으면서 카스트 계급도 브라만인 직원을 가지고 있는 게 보이지 않는 도움이 되었다. 내가 이야기할 때는 듣는 둥 마는 둥 하던 사무실 직원들이 행정총괄 직원이 나서서 제법 단호한 힌두어로 지시를 하자, 다들 알아듣는 눈치였다. 우리 돈으로는 몇 천원 수준에 불과한 접종 비용, 하지만 인도인들에게는 제법 큰돈이 될 수 있는 그 돈을 전액 회사에서 부담한 것도 도움이 되었다.

나에게 자신의 확진 사실을 알렸던 그 여직원에게도 잊지 말고 예방접종을 받으라고 당부했다. 어차피 변이 바이러스가 빠르게 확산되고 있는 상황에서 한 번 코로나에 걸린 것이 완전한 항체를 제공해주지 못한다는 생각이 들었기 때문이었다. 느리기만 한 백신 수급 상황에 결국 인도 정부는 1차와 2차 접종 간격을 늘리는 고육지책을 썼고, 사무실 직원 전원이 2차 접종을 완료한 것은 9월이나 되어서였다.

세계 최대 수준의 생산능력을 자랑하는 백신 제조회사가 소재한 곳이 인도이다. 인도혈청연구소Serum Institute of India라는 이름의 이 회사는 영국계 아스트라제네카 백신을 위탁생산하는 곳으로, 2021년 10월 현재 한 달 생산능력이 2천만 도즈가 넘는다고 한다. 하지만 인도 내 백신 접종이 처음 시작되던 시점에 원재료 수급 부족과 각종 생산공정의 문제가 겹치면서 한 달 생산량이 몇 만 도즈 수준에 그쳤다.

애타게 백신을 기다리던 인도 정부와 언론들은 애꿎은 제약회사 사장을 닦달하기 시작했다. 몇 번 인도 텔레비전에 등장해서 생산 상의 어려움을 호소하며 이해를 구하던 사장은 얼마 지나지 않아 외국으로 도피하기에 이르렀다. 자기 병원과 자신의 지역구에 먼저 백신을 공급해달라는 의료인들과 유력 정치인들의 청탁이 살해 협박으로까지 변질되자 인도를 잠시 떠나 있기로 결정한 것이었다.

우여곡절 끝에 인도의 접종 속도가 본궤도를 찾은 것은 2021년 여름이 지나면서였다. 10월 21일, 인도 정부는 10억 번째 접종이 실시되었다고 대대적으로 발표하기에 이르렀다. 하지만 1차 접종자라도 늘리기 위해 1차와 2차 접종 간격을 대폭 늘리기로 결정한 인도 정부의 결정 때문에 총 10억 회나 접종이 진행되었지만, 접종 완료 비율은 전체 인구 중 20%를 간신히 넘어서는 상황이다.

저절로 도래한 '위드 코로나' 시대

2021년 여름을 전후하여 인도 국민 중에서 얼마나 항체가 형성되었는지를 조사한 다양한 조사결과가 발표되었다. 이들 발표를 종합해보면, 대략 인도인 10명 중 7명은 코로나 항체를 이미 보유한 것으로 확인되었다. 접종 완료율이 20%를 간신히 넘어서는 상황을 감안하면 대부분의 인도인들은 접종이 아닌 감염을 통해 항체를 갖게 되었다는 이야기가 된다.

항체 보유율이 70%로 추산된다는 점, 한때 40만 명에 달하던 1일 확진자가 이제 2만 명 수준으로 떨어진 점 등을 놓고 어떻게 해석해야 할지에 대해 의견이 많은 듯하다. 이제 인도는 집

단 면역의 단계에 들어섰다는 긍정적인 해석이 있는 반면, 아직도 감염이 가능한 인구가 4억 명이나 대기하고 있다는 부정적인 해석도 있다.

각종 방역조치에 지치고 생활고에 시달린 인도인들은 이제 마스크 없이 길거리를 활보하고 있다. 하루 벌어 하루 먹고 살아가야 하는 일용직 노동자들과 농민들은 뜨거운 인도의 태양 아래에서 마스크를 벗어던진 지 이미 오래 전이다. 다른 나라는 '위드 코로나'로 갈지 안 갈지 토론하고 의견이라도 모으는 눈치인데, 인도에서는 그런 것도 없이 위드 코로나 시대가 저절로 도래한 듯하다.

14억 인도 인구 중 이제 겨우 20%가 접종을 마무리한 상황. 아직도 10억 명에 가까운 사람들이 2차 접종을 받아야 한다. 하루에 1천만 명씩에게 접종한다 해도 꼬박 100일이 걸리는 멀고도 험난한 여정이 될 것이다. 게다가 11월 초에는 인도의 최대 축제인 디왈리Diwali 축제가 다가오고 있다. 2021년 봄, 홀리 축제와 쿰브 멜라 축제 등 2개의 축제가 연달아 열린 후 4월과 5월에 1일 확진자수 40만 명을 기록한 바가 있다. 디왈리 축제 기간 중 과거의 폭증이 다시 되풀이될지 아니면 일부의 관측대로 인도의 집단면역이 그 힘을 발휘해서 추가적인 확산세 없이 무사히 겨울을 넘길지 불안하고 아슬아슬한 하루하루가 지나가고 있다.

인도에서
코로나 백신을 접종하다 ─────

1차 접종

인도에서도 다른 나라와 비교해서 비교적 늦지 않은 날짜인 2021년 4월 초부터 45세 이상의 고령자에 대한 코로나 백신 접종이 시작되었다. 한국에 있었으면 젊지도 늙지도 않은 어정쩡한 나이 취급을 받았을 텐데, 고령층의 비율이 현저히 낮은 인도에 살다 보니 45세만 넘어도 고령층 대접을 받는 게 조금은 감사했다.

IT 강국답게 인도 전역에서 예방접종을 예약할 수 있는 홈페이지가 때맞춰 만들어졌고, 우리 부부도 (약간의 시행착오는 있었지만) 무사히 45세 이상에 대한 예방접종이 시작된 지 2주를 조금 넘긴 4월 19일로 접종을 예약하는데 성공했다. 집에서 걸어갈 만한 그리 크지 않은 민간병원에서 아스트라제네카(인도에서는 접종 백신을 선택할 수 있다) 접종이 실시되고 있어서 옳거니 하면서 예약했다(인도에서는 오직 두 종류의 백신만 접종 가능한데, 나머지 한 개는 인도 토종 백신이어서 믿음이 가지 않았다. 얼마 지나지 않아 러시아제 스푸트니크 접종도 시작되었다).

　예방접종 당일 아침 일찍 집을 나섰고, 걸어서 5분도 안 되는 거리에 있는 병원에 도착해서 접종을 받았다. 한국의 병원 수준에는 턱없이 모자라지만 인도 기준으로는 나름 깔끔한 병원이었고, 아침 일찍 간 덕분인지 사람도 붐비지 않았다. 다행이었다. 1차 접종을 마쳤다는 증명서까지 직접 친절하게 출력해주는 병원을 나서면서 "외국인들이 주로 거주하는 동네에 있는 민간병원이라서 그런지 우려했던 것보다는 깔끔하네"라고 아내에게 말을 건넸더니 아내도 수긍하는 눈치였다.

　안타깝게도 접종 후 부작용을 피해가지는 못했다. 나는 그럭저럭 견딜 만한 근육통을 며칠 겪는 수준이었지만, 아내는 첫날밤부터 고열과 근육통에 시달리면서 타이레놀의 도움을 받아야만 했다. 셋째 날 아침, 체력을 회복했다고 생각한 아내는 나에게 집 근처에 있는 시장에 같이 가자고 청했다. 아침 산책 겸 5분도 안 되는 거리를 천천히 걸어서 시장에 도착했는데 아내가 갑자기 현기증을 호소하기 시작했다. 처음에는 단순히 어지러운 정도의 수준인 줄 알았는데 시간이 지나는 데도 아내의 현기증은 심해져만 갔고, 나는 어찌할 바를 몰라 허둥대면서 시간만 자꾸 흘렀다.

　이러다가는 정말 큰일 나겠다 싶어 벤치에 앉아 있던 아내를 간신히 일으켜서 집으로 걸어오기 시작했다. 그 와중에도 아내는 "아이들이 아이스크림 먹고 싶다고 했는데, 그걸 못 샀네"라며 아쉬워했다. 자기 몸 힘든 거는 생각 안 하고 애들에게 먹을 거 못 사주는 걸 아쉬워하는 아내를 보자 화가 나서 나도 모르게 아내에게 짜증을 냈다.

"지금 그게 중요해? 당신이 빨리 집에 가서 쉬는 게 중요하지!"

몇 발짝 걷고 벽 잡고 쉬기를 반복하며 겨우겨우 집에 도착하자마자 아내는 거실 바닥에 그대로 누워버렸다. 두어 시간을 꼼짝도 않고 새근새근 잠자는 아내를 옆에서 보고 있자니 안쓰럽고 짠한 느낌이 들었다.

잠든 아내의 머리를 가만히 쓰다듬는데 유난히 새치머리가 많이 눈에 띄는 듯 했다. 그런데도 아이들은 온라인 수업 사이에 있는 쉬는 시간에 얼굴만 빼꼼 내밀고는 "엄마, 아파?"라는 한마디만 건성으로 내뱉더니 대답도 안 듣고 다시 각자의 방으로 들어가 버렸다. 수업 들어야 한다며 말이다.

'으이그. 자식 키워봤자 아무 소용없다더니…'

거실 바닥에 누워 있는 엄마를 본척만척하는 아이들의 행동이 야속하게 느껴지기까지 한다.

다행히 자고 일어난 아내는 극심한 피로감을 느끼는 것 외에는 추가적인 부작용을 보이지는 않았다. 이삼일 정도 더 지나더니 체력도 거의 이전 상태를 회복하였다.

하지만 현기증 때문에 길거리 한복판에서 쓰러질 뻔했던 경험은 꽤나 충격적인 경험이었는지 평소에 항상 침착하고 차분했던 아내도 2차 접종을 맞으러 가는 날에는 꽤나 긴장한 듯 보였다.

2차 접종

1차 접종 이후 정확히 1달 만인 5월 18일로 예약이 되었다. 하지만 백신 공급 부족에 직면한 인도 정부가 백신의 대부분을 공공병원에 공급하면서 민간병원 예약은 하늘에 별따기였다. 어쩔 수 없이 집에서 좀 거리가 있는 공공병원을 예약할 수밖에 없었다.

인도의 거의 모든 것이 그러하듯이 의료 시스템도 민간병원과 공공병원은 진료의 수준이나 서비스 측면에서 철저하게 양극화되어 있다. 복도와 병원 문 앞에 환자들이 널브러져 있고, 누군가는 절규하고 누군가는 울부짖는 'TV 화면 속 인도 병원'의 모습은 거의 공공병원이라고 보면 된다.

이번에도 사람들이 덜 붐비는 시간에 접종을 받고자 아침 일찍 집을 나섰다. 도착해 보니 규모가 꽤 큰 병원이었다. 다행히 TV 속 지옥도와 같은 모습은 어디에도 없었다. 오히려 약간 한산하다는 느낌이 들 정도로 조용하고 차분했다. 한국 수준의 깔끔함까지는 아니어도 인도 기준으로는 나름 잘 관리된 병원이었다.

접종은 순조롭게 진행되었다. 기다리는 인파도 없었고, 도착하자마자 신원 확인과 예방접종 예약 확인 후에 10분도 안 되어 접종은 완료되었다. 이어 혹시 있을지 모르는 부작용(쇼크)에 대비해서 접종 후 30분간 '관찰실'에 대기했다. 어느 사이트에 접속하면 접종 완료 증명서도 무료 발급받을 수 있다는 문자 메시지도 접종이 끝나자마자 핸드폰에 도착했다.

병원 직원으로 보이는 사람은 관찰실을 돌아다니면서 사람이 앉아 있던 의자에 일일이 소독액을 뿌려 소독했고, 30분이 지나서 관찰실을 나서는 사람들에게는 타이레놀 계열 알약도 한 개씩 나눠주었다. 접종을 마치고 집에 왔는데도 아침 아홉 시가 조금 넘은 시간이다. 모든 것이 너무나도 순조롭게 진행되어 어색할 정도였다.

1차 접종을 마치고 심한 부자용을 겪었던 아내는 점심에 먹을 볶음밥을 후다닥 만들어 놓고는 "이제부터 나는 아플 예정이야. 집안일은 당신이 좀 해요"라며 일찌감치 자리를 깔고 누웠다. 나에게는 지난번 1차 접종에 비해 근육통이 비교적 빠르게 찾아왔고, 아내는 지금 세상에서 제일 편한 자세로 유튜브에서 〈유퀴즈 온더 블록〉 동영상을 보고 있다.

한 쪽에서는 하루에만 수천 명의 코로나 환자가 세상을 떠나는데 다른 한 쪽에서는 전세기를 빌려서 유유히 인도를 탈출하는 억만장자가 즐비한 나라, 접종이 완료되는 순간 접종 완료 증명서가 인터넷에서 뚝딱 발급되는 최첨단 IT 시스템과 인터 넷은 고사하고 무선 전화기조차 갖지 못한 수천만 명의 빈민층 이 공존하는 나라… 인도는 도무지 말도 안 되는 모순과 이해 할 수 없는 일들로 가득 찬 나라라는 것을 다시 한 번 느낀 하 루였다.

인도의 몬순을 뚫고 출근하기

빗줄기가 베란다를 때리는 소리에 새벽잠이 깼다. 하루를 시작하기도 전에 '출근길이 만만치 않겠구나'라는 짜증스러운 생각이 머릿속을 스친다. 침대에 누운 채로 잠깐 한숨을 내쉬고는 몸을 일으켰다.

뉴델리를 포함한 인도 북부의 몬순 기간은 보통 7월 전후이다. 7월 초에 몬순이 시작되어 약 2, 3주간 지속된다. 인도의 몬순은 세차게 비가 쏟아지다 멈추다를 반복하는 우리나라의 장마와 비슷하기도 하다. 하지만 한 가지 다른 게 있다. 바로 비가 내린 다음이다.

이곳 뉴델리에서는 10분만 비가 내려도 도로 곳곳이 빠르게 침수된다. 집 앞의 이면도로를 오가는 자동차와 오토바이가 순식간에 수상스키로 변신하는 것은 그나마 이해할 만한데, 멀쩡한 4차선 도로도 순식간에 무릎 높이로 침수되어 승용차는 물론이고 버스마저 거북이걸음을 해야 한다.

작년 여름, 인도에 도착해서 처음으로 겪는 몬순 기간, 아침

아홉 시가 넘어도 사무실에 도착하지 못한 직원이 전화를 걸어와서는 "도로가 침수되어서 차들이 꽉 막혀 있어요. 오도 가도 못하고 있어요"라고 말하길래 '도대체 얼마나 침수가 심하길래 저러나?'라고 의아했었던 적이 있었다. 그런데 그 직원이 작년에 겪었던 일과 비슷한 일을 오늘 내가 출근길에 겪었다.

집을 나와 4차선 도로에 들어섰는데, 그 때부터 분위기가 심상치 않았다. 이미 가장 외곽의 2개 차선에 흙탕물이 가득 찼고, 그나마 수심이 낮은 중앙 쪽 2개 차선에만 차가 다니고 있었다. 하지만 중앙 쪽 2개 차선도 이미 바퀴의 절반은 족히 잠길 정도로 물이 들어차 있었다.

몇 분 지나지 않아, 평소보다 조금 어려운 출근길이 되리라 생각했던 내 생각이 틀렸다는 건 금방 깨닫게 되었다. 집 근처를 벗어난 차가 몇 분을 달려 조금 더 낮은 저지대에 진입하자 침수 상황이 점점 심각해지기 시작했기 때문이다.

머릿속도 복잡해지기 시작했다. 해외에서, 특히 개발도상국에서 근무하는 주재원들의 제1 행동원칙은 무조건 '안전'이다. 모든 것은 그 다음이다. 아침에 집을 나서는 내 등 뒤로 "오늘 출근 가능할 거 같애? 조금이라도 위험하면 곧바로 차 돌려서 집으로 돌아와"라고 걱정하던 아내의 목소리가 귓가를 맴돌기 시작한다.

'아, 이대로 출근을 강행하는 게 과연 안전한 행동인가?'

드디어 내가 탄 차가 사무실로 가는 길목에서 가장 낮은 저지대에 진입하기 시작했다. 차창 밖을 보아하니 수심은 이미 차량 바퀴쯤은 훌쩍 넘어버린 듯하다. 차를 돌려 집으로 가야 할지 이대로 사무실로 가도 되는 건지 머릿속은 복잡해지기만 한다. 차창 밖 인도 위로는 시민들이 멀쩡히 잘만 걸어 다니는데 차도 위의 차들만 모두 물에 빠진 생쥐 꼴이니, 이 상황이 우습고도 무서울 뿐이다.

다행히 사무실까지 가는 길 중에서 가장 낮은 저지대를 무사히 지났다. 오른손의 손가락이 아파오기 시작한다. 너무 긴장해서 나도 모르게 핸드폰을 꽉 쥐고 있었기 때문인가 보다. 이제 가장 어려운 난코스는 지났고, 몇 킬로미터만 더 가면 사무실이다. 나 자신도 모르게 '조금만 더 힘내라'며 생명도 없는 기계 덩어리인 차를 응원하기 시작했다.

사무실로 가는 길은 마지막까지 순탄하지 않았다. 사무실 바로 앞에 있는 도로의 일부 구간이 침수되면서 약 1km를 돌아서야 겨우 사무실 앞에 도착했다. 차에서 내려 사무실로 들어가려는데 운전기사가 번호판을 손으로 툭툭 치더니 이내 다시 꾹꾹 누르기 시작한다. 무슨 일인가 물었더니 몇 십 분을 물살을 헤치고 오느라 수압 때문에 번호판이 헐거워지고 이물질이 끼어서 그걸 털어내고 다시 번호판을 단단히 고정시키는 거란다. 이런 일이 익숙하다는 듯 아무렇지도 않은 표정이다. 아침 출근길에 자동차의 본분을 잊고 잠시 모터보트 노릇을 했던 차가 이제 다시 자기 본분인 자동차의 신분으로 돌아오는 순간이었다.

사무실에 들어와 여느 때처럼 공기청정기를 켰고, 10여 분이 지나서야 청정기의 빨간불이 파란불로 바뀌었다. 마스크를 벗고 컴퓨터를 켜니 본사에서 날아온 업무지시를 포함해서 안 읽은 이메일이 수북이 쌓여 있다. 이제 또 하루가 시작이다. 바깥세상은 침수가 되고 물난리가 나더라도 또 누군가는 해야 할 일을 해야만 한다. 그게 우리의 고달픈 하루하루의 삶이다.

나와 오늘의 험난한 출근길을 동행했던 이름도 모르고 얼굴도 모르는 출근 동지들도 이제 지금쯤이면 각자의 일터에 도착했으리라. 사무실 동료들과 인사를 나누고 따뜻한 차를 마시며 험난했던 출근 무용담을 나눌 것이다. 어제와 같은 듯 다른 오늘은 이렇게 시작되고 있다.

코로나에도 불구하고
굳이 만나자는 사람이 있을 때 ————

2021년 4월, 한국에 있는 우리 회사 거래처의 부사장께서 조만간 인도에 출장을 가게 될 것 같은데 만날 수 있겠느냐며 국제전화를 걸어오셨다. 전 세계 10여 곳에 해외법인을 가지고 있는 나름 탄탄한 중견기업으로, 인도에도 꽤 오래 전에 생산법인을 만들어 코로나 사태에도 불구하고 비교적 영업실적을 선방한 기업이었다.

이렇게 코로나 상황이 심각한 인도에 출장 오신다는 이야기를 듣고 적잖이 놀랐다. 이유를 물어보니, 일 년에 몇 군데씩 해외법인을 돌아보며 영업상황을 점검해오곤 했는데 2020년에는 코로나 때문에 거의 해외에 나가지 못하다가 이번에 큰 맘 먹고 1년 만에 인도에 온다는 거였다. 그리고 이렇게 힘들게 출장 오는데 인도 현지 거래처만 만나고 돌아가면 섭섭하고 아쉬울 것 같아서 굳이 내 사무실로 찾아와서 '인사를 드리겠다'는 거였다.

굳이 따져 보자면 우리 회사는 '갑', 그 회사는 '을'의 입장이라 할 수 있다. 특별히 업무가 있는 것도 아닌데 단순히 인사차 방문하시겠다는 것도 그 때문이다. 체질적으로 그런 '갑을' 관계를 싫어하는 나는 '어떻게 하면 이 분이 기분 상하지 않게 거절하나'를 고민하기 시작했다. 하지만 국제전화까지 걸어서 굳이 약속을 잡자고 하시는 분을 야멸차게 거절하기도 난감했다. 거절했다가는 '나를 만나기 싫다는 건가'라고 오해하실까 걱정도 들었다.

시간 약속을 잡고 전화를 끊었지만 찜찜한 마음은 지울 수 없었다. '하루에도 신규 확진자가 수만 명씩 나오고 있는 인도 상황인데 이곳저곳 거래처 만나고 다니시다가 혹시라도 코로나에 걸린 상태에서 방문하시는 건 아니려나?', '화상회의도 있고, 전화 통화로도 거의 모든 업무가 가능한데 굳이 찾아오시는 건 뭐람…' 이런저런 생각이 들었다. 하지만 '이 분도 오죽 급했으면 이런 시국에 다른 나라도 아닌 인도에까지 출장을 오실 생각을 하실까?'라는 생각이 문득 들었다.

하루에도 몇 천 명씩 코로나로 사람들이 죽어나가는 이 나라에 오고 싶어 오는 사람이 누가 있겠는가? 그저 프로젝트를 추진하려면 어쩔 수 없어서, 일이 하도 안 돌아가니 오지 않을 수가 없어서 오는 게 뻔했다. 이쯤 되니 굳이 사무실에 찾아오시겠다는 분을 막지 않은 게 오히려 다행이라는 생각이 들었다. 차나 음식은 대접 못하겠지만 따뜻한 위로의 말씀이라도 드려야겠다고 마음먹었다.

하지만 그 분은 내 사무실에 오지 못했다. 인도에 도착하고 불과 하루이틀 만에 뉴델리 전역에 통행 제한령이 내려졌기 때문에 아예 올 수가 없게 되어버린 것이다. 만나기로 약속했던 날, 전화가 걸려왔다.

수화기 너머에서 약속을 지키지 못한 '을'의 난감한 목소리가 들려왔다. 본인 잘못도 아닌데 연배도 나보다 높으신 분이 연신 죄송하다며 사과하시는 말씀을 듣고 있자니 마음이 점점 불편해지기 시작했다. 그 분의 말씀도 끊을 겸, 내가 해드릴 수 있는 그나마 최선의 답변을 해드렸다.

"부사장님이 안 오셨다고 해서 전혀 섭섭한 마음 없으니까 걱정하지 마세요. 지금은 부사장님의 안전한 귀국이 첫 번째 급선무입니다. 무사히 공항까지 이동하셔서 귀국하시는 길을 속히 찾으시기 바랍니다. 아셨죠?"

'갑'인 내가 "섭섭한 것 없다"라고 이야기를 해주자 비로소 수화기 너머 '을'의 목소리가 밝아졌다. 그 분도 이제야 마음이 놓인 거다. 살짝 안쓰러운 마음이 들었다. 나는 다시 한 번 그 분의 안전한 귀국을 기원했고, 그 분은 열악한 환경에서 계속 살아야 하는 나와 내 가족의 건강을 염려해주셨다. 서로의 건강과 가족의 안전을 빌어주는 순간 우리는 더 이상 '갑'과 '을'이 아니라 평범한 가장, 가족을 위해 일하는 아버지였다.

그 분도 어차피 월급 받으며 일하는 샐러리맨이니 나랑 하나도 신세가 다를 게 없다. 만석꾼 집에서 종노릇하는 거랑 천석꾼 집에서 종노릇하는 게 뭐가 다르겠나, 다 종노릇인데… 주인(회사)이 가라면 가고, 서라면 서고, 일하라면 일하고, 다시 오라면 오는 게 종(회사원)의 신세이다. 그 분도 주인이 가라고 시켰으니 왔을 테고, 나 역시 주인이 여기에서 일하라고 시켰으니 일하는 거다.

이렇게 힘들고 세상살이가 팍팍할 때, 그저 홀아비가 과부 신세를 이해하듯 아직도 회사를 탈출 못한 '도비'가 또 다른 '도비'를 위로하면서 그렇게 직장생활을 하루하루 버텨나간다.

25년 전 사진 한 장이
나에게 말해준 것 ——————

　한국에서 별다른 감흥 없이 삼성전자 핸드폰을 쓰고, 현대자동차를 타고, LG 에어컨을 쓰던 사람들도 외국에 나가게 되면 조금은 다른 감정을 느끼게 된다. 낯선 이국땅에서 우리나라 제품을 마주치게 되면 이유를 설명할 수 없는 반가움과 자랑스러움이 생기곤 한다.

　뉴델리의 인디라 간디 공항에 내리자마자 우리 가족 눈앞에 나타난 삼성전자 핸드폰 광고, 하루가 멀다 하고 인도 내수시장에서 매출 신기록을 경신중인 현대차와 기아차, 그리고 인도 현지인들이 빼먹지 않고 칭찬하는 LG의 가전제품들… 나는 이 회사들과 아무 연관도 없고, 주식 한 주 가진 바 없고, 내 성은 이씨도, 정씨도, 구씨도 아니지만 현지 시장에서 대한민국을 대표하는 제품들이 선전하는 것을 보고 들으면 기분은 좋다.

　현대차와의 인연이라고는 지난 20년간 엘란트라, 아반떼, 산타페 이렇게 딱 3대를 몰아본 적 밖에 없는 내가 현대차의 인도 지역 본부 건물 준공식에 초대받아 참석하게 되었다. 인도에 진출한 지 25년 만에 인도 내수시장 2위를 차지한 현대차의 임직원들이 주인공인 자리였고, 주인도 한국 대사와 인도 정부 고위 관료들, 현대차 협력업체들, 그리고 현대차 딜러들이 이를 축하하는 행사였다.

인도 최고의 배우 샤룩 칸에 이어 이미 글로벌 스타의 반열에 오른 BTS의 영상 축하 메시지가 이어지고, 행사가 한창 최고조를 향해 달려가기 시작했다. 인도에서의 25년을 돌아보는 영상이 방영되기 시작했는데, 유독 눈길을 끄는 사진 하나가 있었다. 바로 25년 전 인도 남부 첸나이에 현대자동차 공장을 처음 건설하던 때에 찍힌 사진이었다.

수십 명의 현지인들 사이에 섞여 서 있는 몇몇 한국 직원들, 아마도 25년 전에 인도에 최초로 파견된 제1세대 주재원들일 것이다. 낡은 사진 밖으로도 금방 느껴지는 인도 남부의 습하고 더운 열기… 그럼에도 불구하고 굳이 양복을 입고 카메라 앞에 선 것은 착공식이라는 행사의 중요성 때문이었을 것이다.

2021년에도 1인당 GDP가 2,000달러 초반을 간신히 넘어서는 세계에서 가장 가난한 인도인데 무려 25년 전에, 그것도 싼 인건비를 좇아서 찾아간 인도 남부지역의 허허벌판이 얼마나 열악했을지는 상상도 되지 않는다. 21세기 대명천지에도 어이없는 상거래 관행과 이해할 수 없는 인도 현지인들의 행동에 화들짝 놀랄 일이 한두 가지가 아닌데, 당시에는 얼마나 그런 일들이 비일비재했을까?

투자자금을 들고 자기 나라를 찾아온 외국인들로부터 합법적이든 불법적이든 한 푼이라도 돈을 더 뜯어내려고 혈안이 되어 있는 정부 관료들, 복잡하게 얽히고설킨 각종 이권단체들과 압력단체들… 게다가 한국에서도 험하고 힘든 것으로 치면 둘째가라면 서러운 게 건설업인데, 하물며 인도 같은 곳에서 외국인이 그 큰 자동차 공장을 짓는다는 게 얼마나 힘든 일이었을까? 멀쩡하던 집과 건물도 녹아버릴 것 같은 무더위 속에서 무에서 유를 창조해야 하는 일, 바로 그 엄청난 대장정을 시작하는 순간에 한국 직원들은 카메라 앞에 선 것이었다. 앞으로 닥쳐올 역경과의 싸움을 앞에 두고 전투에 임하는 전사의 표정이라 해도 과언이 아닌 듯 보였다.

약 1시간 넘게 진행된 건물 준공식이 끝나고, 직원의 안내를 받아 건물을 둘러볼 수 있었다. 서울이나 판교 한복판에 서 있어도 전혀 이질적이지 않을 것 같은 초현대식 건물에 말끔하게 정돈된 실내 공간까지 보고 있자니 나라도 당장 자리에 앉아 근무를 하고 싶다는 생각이 들 정도였다. 우리를 데리고 건물 구석구석을 안내하는 회사 직원의 목소리는 조용하고 겸손했지만, 당당한 태도에서 뿜어져 나오는 자부심은 결코 밉지 않았다. 같은 한국인으로서, 이 힘든 나라에서 살아가고 있는 이방인으로서 오히려 감사하고 자랑스러울 따름이었다.

25년 전 무더운 날씨에 굳이 양복을 입고 카메라 앞에 섰던 그 직원은 당시 자신의 회사가 지금과 같이 인도 내수시장 2위라는 엄청난 위치를 차지할 것이라는 걸 예상이나 할 수 있었을까? 생활이 아닌 생존을 위한 투쟁을 벌여야만 했을 당시에 그 직원을 그리도 힘차게 움직이게 했던 에너지는 어디에서 나왔을까?

그들은 이 힘든 땅에 다름 아닌 자신들의 인생을 심었다. 그리고 그 작은 나무가 온갖 폭풍우를 견디고 자라 25년이 지난 지금 이렇게 큰 과실을 맺었다. 그것만으로도 박수 받아 마땅하지 않을까?

"언젠가는 잘리고, 회사는 망하고, 우리는 죽는다"는 말이 멋진 말이라고 칭송받는 게 요즘의 세태이다. 월급 받는 것보다 조금이라도 더 일하면 바보 소리 듣는 시대, 회사의 성장이 나의 성장이라는 말을 하는 사람들을 거의 구석기시대 인간으로 취급하는 시대, 하늘이 두 쪽 나도 회사 일은 딱 시키는 만큼만 하고 "나머지 시간은 오롯이 나만을 위해서 살겠어요"라고 외쳐야만 인스타그램과 유튜브의 '좋아요'와 구독자가 늘어나는 지금과 같은 시대…

이런 시대에 내 눈앞에 나타난 그 오래된 사진 한 장은 많은 것을 시사하고 있었다. 그 옛날 사진 속 주재원들에게 늦게나마 "고생하셨습니다. 감사합니다"라는 인사를 전하고 싶다.

어머니의 사랑은
끝이 없어라 ──────

2021년 5월 8일, 어버이날을 맞아 처가와 본가에 안부전화를 드렸다. 언제나 그렇듯이 통화가 시작되자마자 장모님께서는 인도에서 살고 있는 우리 가족 걱정부터 하셨다. 내 딴에는 조금이라도 장모님을 안심시켜 드리려고 "몇 주째 집 밖으로는 한 발짝도 내딛지 않고 있어서 오히려 안전하다"라고 말씀드렸는데, 이제는 '집 밖으로도 못 나가니 얼마나 답답하고 힘드냐'며 또 다른 걱정이 시작되셨다. 짚신 장수 걱정을 덜어드렸더니 나막신 장수 걱정을 시작하신 거다.

본가에도 전화를 드렸더니 어머니께서 받으신다. 안부 인사를 드리고, 5월 말을 전후해서 한국에 들어가는 전세기를 예약해놨다는 말씀을 드렸다. "운항허가부터 시작해서 복잡한 행정 절차가 많이 남아 있어요. 정말로 한국에 갈 수 있을지는 비행기가 이륙해봐야 알아요"라고 덧붙였다. 여러 가지 사정으로 인해 혹시라도 우리가 한국에 가지 못하게 되면 많이 실망하실까 봐 어머니의 기대치를 좀 낮춰놓기 위해서였다. 듣고 계시던 어머니가 "자가 격리해보니까 많이 힘들던데…"라는 말씀을 툭 꺼내놓으신다. 이게 무슨 말인가 싶어 가슴이 철렁했다.

"자가 격리라뇨? 어머니가 왜 자가 격리를 하셨어요?"

그제야 아차 싶으셨는지 어머니가 잠시 머뭇거리시더니 말씀을 시작하셨다. 지난 4월 초, 어머니가 수십 년째 한글을 가르쳐주는 자원봉사를 하고 계신 학교에서 확진자가 발생했단다. 결국 어머니를 포함한 교사와 같은 반 학생들(대부분 연로하신 노인분들이시다)이 밀접 접촉자로 분류되어 자가 격리에 들어간 것이다.

보건소의 통보를 받으시고 어머니는 별일 아니라는 듯이 '쿨하게' 별도의 자가 격리 장소를 물색하셨고, 다행히 지인분이 소유한 미입주 아파트를 찾아서 생필품만 챙겨 텅 빈 그 집으로 들어가셨단다. 가구 하나 변변한 게 없는 집에 혼자 이불 깔고 누워 2주를 버티신 어머니, 그리고 그 2주 동안 어머니 없이 혼자 견디셨을 아버지를 생각하니 가슴이 아팠다.

서울에 살고 있는 내 여동생 부부도 소식을 듣고는 먹을 것을 바리바리 포장해서 세 박스나 되는 소포를 자가 격리하는 집으로 보내드렸다고 한다. 걸핏하면 해외근무 한답시고 한국을 떠나 부모님을 제대로 살피지 않는 못난 오빠를 대신해서 아들 노릇하고 있는 여동생 부부에게 새삼 미안해졌다.

어쩐지 지난달에 전화를 드리면 조금 이상하다는 느낌이 들긴 했지만, 뭐가 이상한지는 콕 집어 눈치 채지 못했었다. 집으로 전화드리면 항상 어머니가 받으시곤 했었는데, 평소에는 귀찮아서 집 전화를 잘 받지도 않던 아버지가 어쩐 일인지 계속 전화를 받는 거였다. 이런저런 이야기를 나누고 어머니를 좀 바꿔 달라고 말할 때마다 "엄마 핸드폰으로 전화해라"라고 말씀하셨던 게 기억이 난다. 어머니가 별도의 장소에서 자가 격리 중이셨으니 집 전화를 바꿔주려야 바꿔 주실 수 없었을 것이다.

그런 상황에서도 우리 부부가 소식을 알아봤자 아무런 도움도 안 되고 걱정만 하게 될 테니 아예 우리 부부에게는 일언반구 언급이 없으셨던 거다. 부모님 상황을 알아채지 못한 둔하고 눈치 없는 나 자신을 탓해야지 다른 누구를 탓할까?

한국에 입국한 후에 우리 가족의 자가 격리가 끝난다 하더라도 본가에 가서 마스크를 벗고 같이 식사하고 하루나 이틀 정도 자고 오는 게 안전할지에 대한 확신이 서지 않았다. 잠시 고민하다가 만에 하나라도 상호 감염이 되는 상황을 방지해야겠다는 생각이 들어 어머니께 조심스럽게 말씀드렸다.

"본가에 내려가더라도 같이 식사를 하거나 하룻밤 묵는 건 안 하는 게 좋을 것 같아요 차라리 만나는 시간은 좀 짧더라도 자주 찾아뵙는 쪽으로 할 게요."

"그래라. 시골에 내려와서 자고 갈 필요도 없고, 밥 같이 먹을 일도 없다. 그냥 애들 얼굴이나 자주 보고 이야기나 좀 나누면 된다."

우리 식구 중에서 성격 쿨하고 의연한 것으로 따지면 1등인 우리 어머니… 아들 내외가 눈에 넣어도 아프지 않을 손녀딸을 데리고 1년 반 만에 한국에 들어온다는 소식을 듣고도 '쿨함'이 또다시 뿜어져 나온다. "빨리 내려와라, 손녀 보고 싶다, 왔으면 밥은 먹고 가야지, 하룻밤 자고 가라…" 이런 말씀이 하나도 없다.

오랜 기간 못 본 손녀딸들을 얼마나 보고 싶어 하실지 말씀 안 하셔도 충분히 짐작이 간다. 그럼에도 자식과 손주가 한국에 짧게 머무는 동안 최대한 하고 싶은 일 하면서 마음 편하게 쉴 수 있도록 먼저 배려를 해주시니 고맙고 죄송스러웠다. 나와 내 아내도 짧지 않은 인생을 살았고, 사회생활도 할 만큼 했다고 나름 생각해 왔었는데 여든 살 인생 선배님의 '의연함'과 '너그러움' 앞에서는 한참 모자란다는 생각이 든다.

두 딸들은 요사이 기말고사를 보느라 정신없는 와중에도 여름에 한국 가면 하고 싶은 일들을 손꼽느라 정신이 없다. "시원한 바다 가보고 싶다", "등산하고 싶다", "서점에 가보고 싶다", "공차Gongcha 마시고 싶다", "베트남 쌀국수 먹고 싶다", "메밀소바 먹고 싶다" …

할아버지와 할머니가 자신들을 얼마나 보고 싶어 하는지, 이 코로나 시기를 견디면서 어른들이 얼마나 많은 고민을 하고 있는지를 알 길 없는 천진난만한 아이들의 '위시 리스트'에는 '할아버지 할머니 뵈러 가기'가 아직 오르지 못했나 보다. 역시나 사랑은 '내리사랑'인가 보다.

배달앱이
── 조금은 섭섭한 이유

한국에 들어와 1주일간의 시설 격리를 마치고 자가 격리 숙소로 이동한 우리 가족에게 놀라운 신세계가 열렸다. 바로 '한국식 배달앱'이었다. 한국에서는 길거리에 돌아다니는 강아지들도 한 번쯤은 다 사용해봤다는 쿠팡이츠, 배달의민족, 요기요 등의 앱을 이제야 뒤늦게 내려받았다. 우리 가족이야 말로 대한민국 국민 중 가장 마지막으로 배달앱을 내려받은 가족이 아닐까 싶다.

물론 인도에도 배달앱은 있지만 한국의 배달앱에 비할 바가 못 된다. 하나둘씩 사용하다 보니 그 편리함에 매순간마다 감탄하게 된다. 형형색색의 한식, 중식, 양식은 물론 군침 도는 빵과 간식까지 손가락으로 화면만 두세 번 살짝 건드려주면 끝이다. 요일마다 제공되는 각종 할인 혜택까지 한껏 활용하면 마치 '돈을 쓰면서 돈을 버는 듯한' 느낌마저도 든다. 게다가 내 음식을 들고 오는 배달원이 언제 도착하는지도 분 단위로 표시된다. 마치 '우리가 당신의 주문을 빠르게 배달하려고 이렇게까지 배달원들을 닦달하고 있어요! 그러니 잠자코 기다리세요'라고 말하는 듯하다.

코로나 사태 이후 배달원들과 얼굴 마주칠 일도 없다. 초인종이 울리는 순간 문을 열어도 문 앞에 음식만 가지런히 놓여 있을 뿐 배달원의 모습은 찾을 수 없다. 음식을 만드는 사람부터 배달해주는 사람까지 단 한 명과 말 한마디는커녕 눈길 한 번 마주치지 않고 우리 가족의 일용할 양식은 준비된다.

어렸을 적을 생각해보면 음식을 준비하는 행위는 정말 지난하고 길었다. 어머니와 할머니는 거의 매일 동네 시장을 들러 그날 하루의 식재료를 구입하고 그것을 마지막까지 손질해야 했다. 대가족이었던 우리 집에서는 마늘, 생강, 콩나물, 열무, 멸치, 고사리 등을 다듬는 어머니와 할머니의 바지런한 손놀림이 멈출 날이 없었다. 그리고 나서도 두 분이 부엌 안에서 분주하게 움직여야만 한 끼의 식사가 힘겹게 완성되곤 했다. 넉넉하지 않은 시골 공무원 월급으로 외식은 고사하고 매 끼니 상 차리는 일 자체가 쉽지 않은 일이었으리라. 하지만 어머니와 할머니의 헌신 덕분에 재료 맛이 절반, 두 분의 고생스러운 노동의 맛이 절반이었던 우리의 식탁은 평범했으나 남루하지는 않았었다.

쿠팡이츠를 통해 주문한 피자가 도착했다. 두 아이들은 한국에 도착한 지 열흘도 안 되어 벌써 배달앱에 익숙해졌는지 어떤 앱에 어떤 음식이 있고, 어떤 할인 혜택이 있는지 줄줄 꿰고 있다. 배달앱이 얼마나 편리했던지 인도에 있는 배달앱도 빨리 개선되어야 한다는 둥 열변을 토하고 있다. 아이들은 온통 '한국식 배달앱'이라는 신세계가 제공해준 편의성에만 정신이 팔려 있었다.

하지만 나는 불현듯 이 지극히 효율적인 배달앱의 뒤에서 보이지 않게 땀 흘리고 있는 수많은 사람들이 떠올랐다. 음식의 재료를 준비하고, 조리하고, 포장하고, 시간에 늦지 않게 '배달앱의 째깍째깍거리는 독촉을 받으며' 아파트 계단을 숨 가쁘게 뛰어오르고는 조용히 돌아가는 배달원들 말이다.

아이들에게 '우리가 진짜로 고마워해야 할 대상은 배달앱이 아니라, 보이지 않는 곳에서 노동을 제공하는 이런 분들이다'라고 말하려다가 가만히 입을 다물었다. 문자 그대로 '코로나 지옥'을 탈출해서 1년 반 만에 한국에서의 휴가를 즐기고 있는 아이들에게 꼰대 같은 설교 늘어놓느니 잠깐만이라도 이 시간을 온전히 즐기도록 해줘야 할 것 같아서였다.

재료 맛이 절반, 눈에 보이지 않는 노동을 제공해주신 분들의 고생 맛이 절반이었던 오늘의 피자는 그래서 달콤하면서 쌉쌀했다.

내 평생의 수고가
헛되기를 바랍니다 ———

　배달앱과 더불어 한국에서의 휴가가 우리 가족에게 준 선물은 뒤늦게 유튜브 동영상으로나 시청하던 TV 프로그램을 실시간으로 볼 수 있다는 것이었다.

　자가 격리기간 중에 경북 봉화에 소재하는 '시드 볼트^{Seed Vault}'에 근무하시는 분이 〈유퀴즈 온더 블록〉이라는 프로그램에 출연하신 것을 봤다. 그 분은 시종일관 차분하고 조리 있게 지금과 같은 기후위기의 시대에 야생식물의 종자를 영구 보관하는 자신들의 일이 얼마나 중요한지를 귀에 쏙쏙 들어오도록 설명해주셨다. 인터뷰 말미에 PD(아니면 작가)가 그 분에게 한 가지 질문을 던졌다.

　"만약 시드 볼트의 종자가 꽃을 피우는 날이 온다면?"

　그때까지 친절했던 그 분의 얼굴 표정이 사뭇 비장하게 바뀌더니 한 치의 망설임도 없이 단호한 어조로 답변했다.

　"저는 그런 상상을 하지 않습니다. (시드 볼트에 보관된 종자가 필요해진다는 것은) 곧 그 종자가 지구상에서 멸종되어서 더 이상 볼 수 없게 되었다는 뜻이기 때문입니다. 저희들이 시드 볼트에서 보관한 종자는 영원히 나오지 않기를 바랍니다.”

그 분은 ‘영원히’라는 단어를 매!우! 힘주어 말씀하셨다. 시드 볼트에 보관 중인 종자들은 ‘영원히 나오지 않고, 여전히 시드 볼트에 보관 중이기를 희망한다’고 말이다.

이 세상의 거의 모든 직업인들은 자신의 직업이 쓸모 있기를 희망한다. 라면을 만들었으면 많이 팔리기를 바라고, 영화를 만들었다면 대박 히트를 바라는 게 인지상정이다. 쓸모 있는 것에 더해서 더 많이 알려질 수 있다면 금상첨화리라. 많은 사람들이 유튜브나 각종 인터넷 매체에 이리도 목매는 것 또한 자기 자신이 하는 일이 더 많이 알려지고, 더 널리 쓰이기를 바라기 때문일 것이다.

이 출연자 분은 일 년 내내 수많은 씨앗 종자들을 자기 자식들인 양 애지중지 보살피는 것을 자신의 업으로 삼으신 분이었다. 그 분이 하신 대답을 다른 말로 표현하자면 ‘평생 동안 저희들은 이 종자들을 보관하지만, 저희들의 일이 종국적으로는 쓸모없는 헛수고이기를 바랍니다’라는 말에 다름없었다.

반쯤 잠든 상태로 텔레비전을 보고 있던 나는 그 순간 가슴이 뭉클해졌다. 경상북도에 있는 산골에서, 그것도 지하 46미터에 위치한 직장에서 평생을 보내는 것도 쉽사리 상상하기 어려운데 거기서 한 걸음 더 나아가 자신의 평생의 업이 결국 쓸모없는 일이기를 바란다니…

'평생을 바친 자신의 직업이 헛수고가 되기를 바라는 사람이 과연 이 세상이 얼마나 될까?'

내 나름대로는 힘겨운 인도 생활을 견디며 나의 인도 생활이 우리 회사와 인도 주민들에게 도움이 되리라 믿으면서 살아왔다. 하지만 답답하고 불합리한 현지 규정이나 절차로 인해 일이 진척되지 않으면서 때때로 짜증을 내곤 했었다. 현지 사정도 잘 몰라주는 본사의 독촉을 받으면서 아무리 마음씨와 말본새를 조심하려 해도 내 뜻대로 되지 않았다. 하지만 문자 그대로 '인류의 미래를 위해' 일하는 분이 담담하지만 단호하게 자신들의 일이 쓸모없기를 바란다는 말씀을 하는 것을 듣고 나니, 나의 짜증과 투정이 얼마나 유치한 것이었는지 부끄러울 따름이었다.

평생을 바친 자신의 소명이 궁극에는 무용無用에 이르기를 바라는 그 분의 직장생활이 종교적 구도의 길과 조금은 닮아 있다는 생각까지 하게 되었다. 자신의 힘을 다하여 궁극을 지향하지만, 결국에는 아무 '쓸모없음'에 도달하는 것, 그것이 바로 종교가 아니고 무엇일까?

텔레비전을 끄면서 '그런 분들이 조금 더 많아질수록 이 세상이 더 살기 좋은 세상이 되지 않을까'라는 생각을 잠시 해보았다. 기왕이면, 열심히 보살핀 종자들이 쓸모없는 세상뿐만 아니라, 꾸준히 연마한 인명구조 기술이 쓸모없는 세상, 소방기술이 불필요해져서 소방관들이 어리둥절해지는 세상, 다툼이 사라져서 정치인들이 할 일이 없어지는 세상, 경찰관들이 하품하며 무료해 하는 세상… 그런 세상이 오면 참 좋겠다는 엉뚱하고 유치한 생각도 잠시 해봤다.

인생의 '화양연화'를 기다리는
아이들에게 ————

　2주간의 자가 격리를 마치고 드디어 바깥세상에 첫발을 내디뎠다(이미 그 전날 오후에 구청 직원의 안내에 따라 보건소를 방문하여 코로나 검사를 받았으니 진정한 의미의 첫 외출은 아니었다).

　미리 예약한 에어비앤비 숙소로 짐을 옮긴 후, 저녁식사를 마치고 숙소 주변도 산책할 겸 집을 나섰다. 때마침 숙소 근처에 큰 대학교가 있어 교정을 천천히 거닐다 보니 내가 가고 싶은 곳을 자유롭게 걸어 다닐 수 있다는 것이 얼마나 소중한 자유인지를 새삼스레 절감하였다.

　초여름의 푸른 녹음을 배경으로 어스름이 내려앉기 시작한 캠퍼스에는 많은 학생들이 분주히 발걸음을 재촉하고 있었다. 아마도 기말고사 기간이 가까워진 때문인 듯했다. 삼삼오오 모여서 웃고 떠드는 학생들, 전동 스쿠터나 자전거를 타고 자유롭게 캠퍼스를 누비는 학생들… 활기차고 시끌벅적한 '대학생 언니와 오빠들'의 모습을 본 호비와 호지는 꽤나 부러워하는 눈치였다.

큰딸 호비는 유난히 학교를 좋아했지만, 지난 1년 동안 학교에 간 날보다 가지 못한 날이 더 많았었다. 온라인 수업을 들으며 화면 속에 박제되어 있는 선생님과 친구들을 유독 그리워했던 큰딸이 나지막이 혼잣말을 했다.

"아, 빨리 대학에 가고 싶다."

"호비야. 조금만 기다려. 그럼 이 어려운 시기도 끝나고, 너도 곧 대학에 갈 거야."

"아빠와 엄마한테는 인생의 황금기가 언제였어? 대학 다닐 때? 그때가 가장 좋았어? 나에게도 그때가 빨리 오면 좋겠다."

"응. 아빠한테는 그때가 최고의 시절이었던 것 같아. 전공 공부는 좀 힘들었지만, 학교생활은 정말 좋았었는데… 집안 형편 때문에 곧바로 취업을 해야만 해서 대학원을 못 간 게 좀 아쉬웠지."

아쉬움과 후회가 없는 인생이 어디에 있을까? 나 역시 숫자를 지독히도 싫어하면서도 취직이 잘된다는 이유로 두 번 생각해보지도 않고 경영학과에 진학하고 나서 꽤나 긴 후회와 방황의 시간을 보냈었다. 전공과목은 최대한 적게, 교양과목은 최대한 많이 들으며 철학, 미술사, 심리학 수업을 성적표에 차곡차곡 적어갔지만, 채워지지 않는 공허함은 4년 동안 끝끝내 극복하지 못했다. 결국 나의 4년은 조금은 '헛헛한 황금기'였던 것 같다.

우리는 대부분 아는 만큼만 보고, 보이는 만큼만 이해한다. 넓은 캠퍼스를 자유롭게 활보하는 '대학생 언니 오빠'들의 겉모습에 호비와 호지가 홀딱 반한 것도 어찌 보면 당연한 일이다. 아직 대학생활을 경험해보지 못한 호비와 호지의 눈에는 대학생들의 모습이 그저 동경 그 자체였을 테니까. 그들이 고도 성장기를 거친 나와 내 아내의 세대보다 훨씬 큰 고민을 하며, 취업을 위해 하루하루를 전쟁하듯 살아가야 한다는 사실까지는 아마 생각하지 못했을 것이다.

나 역시 젊은 세대의 취업난을 언론을 통해서만 접하다 보니 그들의 일상이 얼마나 힘들고 어려운지 그저 머리로만 이해할 뿐이다. 게다가 대부분의 경우 기억은 왜곡되기 마련인 법… 내가 과거에 겪었던 고난이 인류 역사상 최대의 고난이었고, 그걸 헤쳐 나온 나의 인생사야 말로 글로 옮기면 책 열 권은 될 만큼 파란만장하다는 '착각의 늪'에 빠지게 된다. 그런 착각의 늪 한가운데에서 우리 세대들은 이미 이전에도 수십 번은 읊조린 '라떼' 타령을 다시 한 번 자진모리가락에 맞춰 불러제낀다.

"너희 세대만 힘든 거 아니야. 옛날에도 얼마나 힘들었는데. 라떼는 말이야…"

그날 저녁, 지나가버린 인생의 화양연화를 아련히 그리워하는 나와 내 아내는 인생의 화양연화를 가슴 설레며 기다리는 호비와 호지를 데리고 천천히 산책을 했다. 지금 이 순간 화양연화의 시기를 보내고 있다는 사실을 잘 모른 채 바쁜 일상을 보내고 있는 대학생들 사이를 오랫동안 걸으면서 말이다.

한국에 들어와 2주 만에 느끼는 자유는 달콤했고, 캠퍼스의 공기는 상큼했다.

혹시 '서세권' 아파트라는
말 들어보셨나요?

한국으로 휴가를 나온 김에 인도로 떠나기 전까지 살던 동네를 1년 반 만에 다시 가보았다. 처음에는 갈 생각이 딱히 없었는데, 아내가 그 근처에 살고 있는 중학교 동창을 만나러 가자고 하길래 잠시 시간을 내서 동네를 둘러보았다.

오랜만에 둘러본 동네는 조금 변한 듯 했고 아닌 듯 하기도 했다. 서래마을 공영주차장에 차를 세우고 천천히 걸어 내려오는데 앞장선 아이들이 재잘거리기 시작했다.

"우와, 파리바게트가 없어졌어."

"어? 못 보던 음식점이 새로 생겼다!"

점심을 어디서 먹을지 물었더니, 아이들은 잠시도 고민 안 하고 서래마을 골목 초입에 있는 베트남 쌀국수집에 가고 싶단다. 다행히 쌀국수집은 문을 닫지 않고 그대로였다. 둘째 딸 호지가 가장 친했던 친구인 파비엔느와 가끔 쌀국수를 먹곤 했던 곳이었다. 헤어진 친구를 회상하는 건지, 오랜만에 맛보는 쌀국수 맛을 음미하는 건지 호지는 점심 식사 내내 말이 없었다.

일 년 반 동안 빵 가게와 음식점만 사라지거나 새로 생긴 게 아니었다. 우리 아파트 바로 앞에 제법 큰 호텔이 있었는데 코로나 사태로 직격탄을 맞고는 끝내 폐업했다. 철거작업이 이제 시작된 듯한데, 며칠 전 강풍에 공사장 가림막이 뜯겨 나가면서 아파트 주민들이 꽤나 놀랐다고 텔레비전 뉴스에까지 보도되었다.

호텔 바로 옆에 있는 아파트 진입로를 슬쩍 올려다보니, 어라! 우리가 살던 아파트 외벽에 새롭게 페인트칠이 되어 있다. 우리가 살 때에는 조금은 때 묻고 칙칙한 외벽이었는데 새롭게 단장한 모습을 보니 뭐랄까, 나랑 헤어지고 나서 기다렸다는 듯이 쌍꺼풀 수술을 해버린 옛 여자 친구를 만난 듯한 느낌이었다.

하지만 가장 안타까웠던 변화는 '반디 앤 루니스' 서점의 폐점이었다. 일요일 아침 일찍 일어나 야구모자를 깊게 눌러쓰고 조조 할인 영화를 보러 가곤 했던 메가박스 영화관, 맛깔난 음식으로 우리 가족들을 유혹하곤 했던 지하상가의 음식점들은 대부분 그대로였는데, 유독 반디 앤 루니스만 불이 꺼진 채 셔터가 내려져 있었다. 엄청나게 거액이라고 하기도 애매한 1억 몇 천 만원을 결제하지 못해 부도 처리되었다는 뉴스가 떠올라 마음이 더욱더 씁쓸해졌다.

아파트에서 지하철역이 가까우면 역세권, 숲이 가까우면 숲세권 아파트라고 한다는데 나는 걸어갈 수 있는 거리에 대형 서점이 있는 '서세권' 아파트에 살 수 있었던 지난 몇 년의 세월에 많이 감사했었다. 시간 날 때마다 아내 그리고 두 딸과 함께 산책 겸 찾아가던 곳이었는데, 시대 변화에 적응 못한 오프라인 서점이라는 공룡은 그렇게 조용히 '죽어서 누워 있었다.' 사라져버린 서점이 아쉬운 사람은 나 혼자만은 아니었나 보다. 내가 서점 앞에서 서성이던 그 짧은 시간에도 몇몇 사람들이 서점 앞에 와서는 아쉬운 한숨을 토해냈다.

아, 사라지고 없어진 것만 있는 것은 아니었다. 새로 생긴 것도 있었다. 아파트 옆 공원 맞은편에 1년 6개월 전에는 없던 천막이 하나 새로 생겼는데 박근혜 대통령을 복권하는 것이 '멸공 통일'의 길이라고 큼지막하게 써서 붙여 놓았다. '멸공'이라는 단어를 가장 최근에 들어본 게 언제였는지 기억이 가물가물했다. 지금은 초등학교로 이름이 바뀐 국민학교 시절이 아니었나 싶다.

결국 우리 가족이 살았던 옛 동네는 지난 일 년 반 동안 서점을 하나 잃고 대신 천막을 하나 얻은 셈이었다. '사색과 공존의 공간'이 사라지고 '구호와 독선의 공간'이 새로 생긴 듯한 안타까운 느낌을 지울 수 없었다. 우리나라 땅에 태극기를 세워놓은 거는 이해할 만한데 성조기는 왜 세워놓은 걸까? 궁금한데 한 번 가서 물어봐도 되려나? 성조기 세워놓은 이유이니까 영어로 물어봐야 하나?

"익스큐즈미. 와이 디드 유… 어… 음… 어메리컨 플래그…
캔 유 스피크 코리안?"

인생은 늙어가는 것이 아니라
익어가는 것 ──────

금요일에 미처 끝내지 못한 보고서를 마무리하기 위해 주말 새벽에 책상 앞에 앉았다가 모기에게 여섯 방이나 물렸다. 그나마 책상 밑에서 움직이는 모기를 봤기에 망정이지 그것마저 못 봤다면 일곱 번째, 여덟 번째까지도 물렸을 것 같다. 모기에게 물리는 것도 모르고 회사 일에 몰두할 정도로 조직에 충성하는 사람도 아닌데, 어이가 없는 정도를 넘어서 나 자신에게 살짝 화가 나기 시작했다. '모기를 보고 칼을 뽑아들었다'라는 사자성어 견문발검見蚊拔劍이 이해되기 시작했다.

'아니, 사람이 얼마나 미련 곰탱이 같으면 여섯 방이나 물리도록 모르고 있었지?'

모기약을 바르며 가만히 생각해보니 여섯 방이나 물리도록 나는 단 한 번도 따끔함을 느끼지 못했다. 젊어서 피부가 탱탱할 때는 모기에 물리기는커녕 모기가 내 몸에 앉기만 해도 귀신같이 알아내고 단숨에 손으로 내리쳐 잡고는 했는데… 이제는 피부에 생기도 떨어지고 감각도 무뎌져서 모기가 한 번도 아니고 여섯 번이나 물도록 모르고 있었다고 생각하니 서글퍼지기 시작했다. 게다가 노안으로 눈도 침침해져서 도망가는 모기가 잘 보이지도 않고, 행동도 굼떠져서 옛날처럼 잘 잡히지도 않는다.

모기뿐만 아니다. 아침에 자고 일어나면 얼굴 한 쪽에 쭈글쭈글한 베개자국이 그대로 남아 5분이 지나고 10분이 지나도 사라지지 않는다. 내 얼굴에 생긴 베개자국이야 어차피 내 눈에 안 보이니 상관없지만, 아내의 얼굴에 생긴 베개자국을 보면 측은하다. 20년 전에 웨딩드레스를 입고 버진로드를 걸어오던 내 아내와 지금 내 옆에 아침잠에서 덜 깬 채 앉아 있는 아내가 내 눈에는 변한 거 하나 없이 그대로인 것 같은데, 문득문득 드러나는 아내의 새치머리와 얼굴의 베개자국을 보면 미안하고 안쓰러울 뿐이다.

몇 주 전 한국으로 본국 휴가를 들어간 김에 아내는 돋보기를 하나 맞췄다. 안경점에 가서 돋보기를 맞추고 있는 아내를 보고 있자니 세월 앞에는 모든 사람들이 평등하다는 당연한 진리가 야속하기만 했다. 다른 사람들은 모두 늙어도 내 아내만은 세월의 화살을 비껴가길 바랐는데, 헛된 기대였다. 아내의 돋보기 낀 모습을 바라보며 호비와 호지는 엄마를 살짝살짝 놀리기 시작한다.

"엄마, 눈이 침침했었는데 이제 돋보기 쓰니까 잘 보여?"

"엄마, 돋보기 썼으니까 이젠 정말 확실히 늙은 거야?"

에휴, 철없는 녀석들! '야, 이놈들아! 너희들 키우고 먹여 살리느라 엄마 아빠가 이렇게 늙었다, 이놈들아…' 꼰대스러운 훈계가 목구멍까지 올라왔는데, 그만뒀다. 일 년 반 만에 한국에 휴가 와서 깔깔거리며 즐기기에도 바쁜 애들이 내 잔소리를 귓등으로라도 들을 리 만무했기 때문이다.

어떤 이는 '아이들이 성장한다는 것은 부모가 가졌던 건강과 지혜를 아이들에게 조금씩 나눠주는 것'이라고 말하며 늙어가는 것이 크게 서글프지 않다고 했었다. 하지만 나는 그 정도까지 마음 넓은 인간은 못 되나 보다. 애들이 커가는 게 행복한 거는 행복한 거고, 내가 나이 들어가는 게 슬픈 거는 슬픈 거다. 아이들에게 "다른 거 필요 없고, 그냥 지금 이 순간을 즐겁고 행복하게만 즐겨라. 엄마와 아빠가 너희들에게 바라는 것은 그뿐이야"라는 말을 하지 못하는 이 옹졸한 심보… 이것 역시 늙어가고 있다는 증거인가?

에휴, 서글프다! 모기나 때려잡으러 가야겠다. 어디 보자, 모기채가 어디 있나?

장모님이 참았던
울음을 터뜨리셨다

2021년 6월. 한 달간의 본국 휴가를 마친 후 작별인사를 드리기 위해 인도행 비행기 탑승구 앞에서 장모님께 전화를 드렸다. 나와 통화하실 때는 씩씩한 목소리로 통화하시는 듯했다. 하지만 두 외손녀의 작별 인사를 받고서는 울먹거리시더니, 마지막으로 아내와 통화하실 때는 핸드폰 밖으로도 장모님의 울음소리가 들릴 정도였다.

마음 여리신 장모님을 오랫동안 봐온 쿨하디 쿨한 성격의 아내는 별일 아니라는 듯 한편으로는 장모님을 달래가며, 한편으로는 살짝 타박해가며 통화를 이어나갔다.

"아유, 엄마도 참! 우리가 뭐 인도에 죽으러 가요? 거기도 다 사람 사는 데야. 여태까지 일 년 반 동안 잘 살았잖아… 우리 걱정 말고 엄마랑 아빠나 건강히 계세요. 조만간 또 휴가 나올게요."

아내가 건넨 핸드폰을 받아들었는데, 마음이 무거워 한참 동안 손에서 핸드폰을 뗄 수가 없었다.

아내와 결혼을 약속하고 처음 예비 장인 장모님을 뵈러 간 날, 어색한 긴장 속에서 어찌 행동하고 무슨 말을 해야 하나 안절부절못하고 있었다. 그런 나를 사랑스럽게 바라보시던 장모님의 첫마디…

"애들 아빠를 닮아서 너무 마음에 든다."

작달막한 키, 왜소한 체격, 그리고 조금 성긴 머리숱까지… 그러고 보니 나는 그다지 빼어나지 않은 장인어른의 외모를 제법 많이 빼닮았다. 장인어른과 나를 번갈아 쳐다보시던 장모님의 첫마디에 나는 완전히 무장해제되었다. 그리고 결심했다.

'아, 나는 반드시 이 집 사위가 되어야겠다.'

척하면 삼천리요 쿵하면 호박 떨어지는 소리라 하지 않던가. 장모님의 그 한마디 속에 화목한 집안 분위기가 다 담겨 있었다. 장인어른이 얼마나 집안 식구들을 사랑해왔고, 식구들을 위해 헌신해왔는지, 장모님이 그런 장인어른을 얼마나 사랑하는지, 그리고 3녀 1남 자식들이 자신의 부모를 얼마나 사랑하고 존경하며 우애 있게 살아왔는지… 이 모든 것이 다 녹아 있었다.

이 모든 것이 우리 집과는 정반대였다. 돈 많은 집에서 형제가 다툰다면 막장 드라마의 소재라도 되겠지만, 가난한 집에서 돈을 두고 형제가 다투면 그보다 추하고 쓸모없는 것도 없다. 아버지 형제간의 갈등과 반목은 세월이 흐를수록 심해졌고, 결국 자연스럽게 서로 왕래를 끊고 지내고 있다. 중립지대에 있는 고모님들이 가끔 형제들 소식을 전해줄 때마다 '죽지 않고 잘들 살고 있나 보다' 알고 넘어가고 있다.

그런 나와 달리, 아내에게 집은 행복하고 따뜻한 곳이었다. 그러다 보니 시집가기 직전까지 3녀 1남이 82m²(25평) 아파트에서 복닥거리던 아내의 인생, 그리고 그 가족들을 보살피시던 장인어른과 장모님의 사랑과 헌신은 나에게는 놀랍고 낯선 것이었다.

내가 결혼한 후에도 한 달에 서너 번씩 주말 저녁자리에 모인 아내의 형제자매들 그리고 사위들은 몇 시간이고 웃고 떠들며 이야기를 나누었다. 장인어른이 술을 한 잔도 못 하시고 화투의 패도 제대로 못 맞추시는 것이 지나고 보니 오히려 축복이었다. 술 한 잔, 화투 패 한 개도 돌지 않았지만 명절마다 행복한 수다소리가 좁은 거실을 가득 채우곤 했었다.

'아, 친척들이 모이는 데도 싸우지 않는구나. 심지어 즐거울 수도 있구나!'

음식 솜씨가 훌륭한 장모님은 손도 크셨다. 나를 포함해서 사위 세 명 모두 먹성도 좋아서 모일 때마다 잔칫상이었다. 밥상에는 미역국, 간장 게장, 대하 새우, 조기 구이, 소라나 조개, 그리고 가끔 대게가 푸짐하게 올라왔다. 맛있는 반찬을 정신없이 먹다 보면 장모님이 퍼주시는 고봉밥은 순식간에 사라지곤 했다. 그리고 그 모든 순간순간 가장 행복해하셨던 분은 두말할 필요도 없이 장모님이셨다.

하지만 툭하면 해외근무 때문에 한국을 떠나는 둘째 사위(필자)도 모자라 이제는 셋째 사위(필자의 손아래 동서)마저 말레이시아 근무가 확정되었고, 올 여름에 한국을 떠났다. 장가 안 간 노총각 막내아들(필자의 하나뿐인 처남)은 자기 친구들과의 저녁이 우선일 테니 이제 큰 밥상 펼칠 일도 없이 장인어른과 장모님만의 쓸쓸한 겸상이 될 것이다. 장모님의 상실감이 얼마나 클지 충분히 짐작이 된다.

'장인 장모님께 좀 더 자주 전화 드려야겠다.'

이런저런 생각으로 마음이 어지러운 사이에 한 달 간의 꿈같은 본국 휴가를 마친 우리 가족을 태운 비행기가 활주로를 벗어나 하늘로 솟아올랐다. 그와 함께 2020년부터 시작되었던 인도 생활이 머릿속을 스쳐 지나갔다. 머물러 살고 있지만 나의 고향은 아닌 바로 그곳, 언젠가 떠날 날이 정해져 있는 그곳… 이제 다시 시작되는 인도 생활에 대한 걱정과 부담, 설렘이 다시 내 가슴에 찾아왔다. 1년 6개월 전에 느꼈던 바로 그 기분과 같은 듯 다른 느낌이었다.

다시 돌아온 인도,
────── 바뀐 듯 바뀌지 않은 '인도스러운' 상황들

여섯 시간의 비행을 마친 전세기가 인디라 간디 공항에 조용히 내려앉았다. 공항 게이트를 걸어 나오자마자 숨 막히게 더운 공기가 온몸을 휘감았고, 마중 나온 운전기사와 함께 짐을 밴에 옮겨 싣는 그 짧은 순간에 등줄기를 타고 굵은 땀방울이 흘러내리기 시작한다. 인도에 도착한 것이 문자 그대로 '온몸으로' 체감된다.

일 년 반이라는 기간 동안 이곳에 미운 정 고운 정 붙이며 살아와서일까, 공항을 빠져나오는데 언제 한국에 다녀왔나 싶을 정도로 차창 밖으로 지나가는 풍경이 낯설지가 않다. 처음 인도에 도착했을 때는 그리도 낯설었던 풍경들인데…

집으로 가는 차 안에서 가족들끼리의 대화는 자연스럽게 '우리가 집을 비운 한 달 동안 집안에 무슨 일이 벌어졌을까'로 모아졌다.

"도둑이나 들지 않았으려나?"

"에휴, 우리 집에 뭐 훔쳐갈 거라도 있기나 하니?"

"우리 휴가 오고 나서 며칠 안 되어 강풍이 몰아쳤다던데, 유리창이나 안 깨졌나 모르겠다."

"비둘기들이 베란다에 얼마나 똥을 많이 싸놓았을지 상상하기도 싫어."

문을 열고 집 안으로 한 발 내디디는 순간, 도둑이 들었는지 유리창이 깨졌는지를 분간하기도 전에 후끈하게 얼굴을 뒤덮는 열기에 다시 한 번 숨이 턱 막혔다. 핸드폰을 켜서 기온을 확인하니 42℃였다. 얼마나 날씨가 더운지 건물 전체가 오븐처럼 데워져서 신발을 벗고 발을 내디디는데 양말을 뚫고 열기가 전해질 정도이다. 조금 과장을 보태면 숯불가마가 따로 없었다.

차근차근 짐을 옮기고 거실과 침실을 살펴보니 다행히 도둑도 안 들었고, 유리창도 깨진 데가 하나도 없었다. 다만 잠깐의 움직임에도 굵은 땀방울이 등줄기뿐만 아니라 온몸에서 흘러내리는 걸 보니 우리 가족이 집을 비운 사이 무더위가 빈 집에 제대로 터잡고 살았나 보다.

며칠째 인도 기준으로도 불볕더위라 할 수 있는 날씨가 계속되고 있다 보니 몇 가지 재미있는 현상들이 나타났다.

첫째로, 모기가 사라졌다. 날씨가 너무 덥다 보니 모기들도 지쳐서 나타나지 않는다. 하긴 그 녀석들도 이 무더위를 뚫고 날아다니느니 차라리 가만히 앉아 있는 게 더 낫겠다고 생각했는지 모른다. 실제로 인도에서 모기가 본격적으로 들끓기 시작하는 것은 7월에 몬순이 한바탕 지나가서 이곳저곳에 물웅덩이가 제법 만들어진 다음부터이다.

둘째로, 온수 스위치를 켜지 않아도 온수 샤워를 즐길 수 있다. 인도의 경우 상수도 시스템이 불안정하여 대부분의 집이 지붕에 커다란 물탱크를 갖고 있고, 보통 새벽에 수돗물을 받아 이 물탱크에 보관한다. 하지만 40℃가 넘는 불볕더위가 연일 계속되다 보니 지붕에 있는 물탱크가 계속 데워져서 집에 있는 모든 수도꼭지와 샤워꼭지를 틀기만 하면 뜨거운 물이 콸콸콸 쏟아진다. 40℃가 넘는 불볕더위 속에서 땀 식히러 샤워했다가는 낭패를 보게 된다.

셋째로, 집으로 배달되는 식재료가 도착도 하기 전에 상해 있는 것을 경험할 수 있다. 코로나 사태 이후 인도에도 각종 배달앱이 우후죽순처럼 생겨나고 있다. 빅바스켓, 플립카트 등등 그 이름을 일일이 헤아리기 어려울 정도이다. 하지만 냉장이나 냉동 운송을 위한 물류 시스템이 제대로 갖춰져 있지 않다 보니 대부분 상온에서 물건들을 보관하고 배송한다. 이런 날씨에 며칠씩 상온 보관된 달걀이나 빵 등을 받아보면 십중팔구 물건은 상해 있다.

넷째로, 집안이 온통 컴컴해지는 경험을 하게 된다. 아침 9시만 되어도 35℃를 넘는 더위이다 보니 현지인은 물론이고 우리 같은 외국인들도 필사적으로 태양빛이 집안으로 침투해 들어오는 것을 막는다. 인도에 처음 도착해서 집을 보러 다닐 때 부동산 에이전트가 계속해서 '암막 커튼'이 설치 가능한지를 살펴야 한다고 이야기하길래 처음에는 이해 못했었다. 하지만 여름을 한 번 겪고 나서 단박에 이해했다. 암막 커튼이 아닌 한국식 얇은 커튼으로는 뜨겁다 못해 따가운 인도의 여름 햇살이 집안으로 들어오는 것을 막을 수 없다.

마지막으로, 이런 불볕더위에서는 항상 머피의 법칙은 신박하게도 그 마법을 발휘한다. 잘못될 일은 항상 잘못된다. 이런 더위 속에서 가장 필요한 것은 단연코 에어컨! 거의 필수품이라 할 수 있다. 가장 고장 나지 말아야 할 에어컨은 꼭, 하필이면, 반드시 이런 더위 속에서 고장 난다.

우리 가족이 인도에 돌아온 지 나흘째 된 날, 거실 에어컨 두 대 중 한 대가 고장 났다(인도는 아직도 벽에다 매다는 방식의 소형 에어컨을 사용한다. 그래서 한국에서라면 작은 스탠드형 에어컨 한 대라면 충분할 거실에 벽걸이 에어컨이 두 대나 설치되어 있다). 무더위에 쉬지 않고 일하던 에어컨도 '아이고 힘들어라. 나도 모르겠다'라고 파업을 하고 나자빠진 것이다. 사람이면 잘 타이르고 설득해서 다시 일을 시킬 텐데, 말도 통하지 않는 기계가 나가떨어지니 난감 무지한 상황이다. 에휴, 빨리 집주인에게 전화해서 에어컨 고쳐달라고 요구해야겠다. 안 그랬다가는 우리 가족들 원하지도 않는 사우나 즐기게 생겼으니 말이다.

본국 휴가를 다녀왔는데 바뀐 게 없다. 인도의 날씨는 계속 덥고, 미세먼지 지수는 270을 훌쩍 넘어섰고, 집안의 가전제품은 기다렸다는 듯이 고장 난다. 이렇게 우리 가족의 인도 생활은 바뀐 듯 바뀌지 않고 다시 시작되고 있다.

하필 이 시기에 인도에 …
우리 가족의 인도 생활

●
부자들은 부패를 감추기 위해 현금을 사용한다지만,
가난한 인도인들의 현금 사랑은 이유가 많이 다르다.
대도시에서 조금만 벗어나도 금세 21세기에서 17세기로
바뀌어버리는 사회 환경 때문에 은행 지점은 고사하고
ATM 기기 하나 찾기 어려운 게 인도 농촌의 현실이다.
아직도 인도 성인 10명 가운데 2명은 은행 계좌를 아예
가지고 있지 않거나, 1년에 한 번 이용할까 말까하다는
통계가 있다.

인도가 또 '인도했다'고
───── 말해야 하나?

도시 전체가 가스실 - 미세먼지 지옥

내가 인도로 발령 나던 바로 그날, 인도의 공기 오염을 다뤘던 국내 신문기사의 제목은 꽤나 자극적이었다.

"도시 전체가 가스실… 미세먼지 지옥…"(중앙일보, 2019년 11월 8일자 기사).

좀 짓궂은 후배 한 명이 어디서 구해왔는지 바로 그 기사가 실린 신문을 내 책상 위에 올려놓았다. 한 면 전체를 가득 채운 사진 속에는 한 치 앞도 안 보이는 도심을 걷고 있는 인도 시민들의 숨 막히는 모습이 담겨 있었다. 마음이 심란해졌다.

서울에서는 미세먼지 지수가 세 자릿수에만 진입해도 세상의 종말이라도 찾아온 듯 호들갑이지만, 이곳 인도에서는 그 정도면 꽤 양호한 수준이다. 2020년 1월에 아이들이 입학한 국제학교에서 열린 오리엔테이션에서 "우리 학교는 아이들의 건강에 매우 많은 주의를 기울이고 있습니다. 미세먼지 지수가 200 이하이면 실외에서, 200 이상이면 실내 체육관에서 체육 수업을

실시합니다"라는 자랑스러운 설명을 듣고 나자, 한국과는 공기
오염에 대한 기준이 완전히 다른 나라에 살기 시작했다는 것을
단번에 실감할 수 있었다.

이곳 인도에서도 코로나로 인한 전국 규모의 봉쇄령이 2020
년 3월 하순에 내려졌고, 그 덕분에 대기질이 좋아지는 뜻밖의
긍정적 효과가 나타났다. 도로를 바삐 오가던 차량들, 쉬지 않
고 쿵쾅거리던 공사장이 일시에 멈춘 덕분이었다.

하지만 이 역시 오래가지 못했다. 굶주림과 실직에 지친 인
도 국민들은 봉쇄 완화를 원했고, 결국 인도 정부는 점차적으
로 봉쇄를 완화할 수밖에 없었다. 당시 이미 200에서 300 사이
를 맴돌던 미세먼지 지수는 봉쇄 완화와 함께 슬금슬금 오르
기 시작하더니 가을 추수철이 지나자마자 수직상승하기 시작했
다. 가을걷이가 끝나고 거름을 만들기 위해 남아있는 짚과 쓰
레기를 태우기 때문이다. 그리고 11월에 들어서자 가뿐하게 네
자릿수의 영역으로 진입했다.

마침내 2020년 11월 10일, 뉴델리의 AQI^{Air quality index}(대기질 지
수)는 자그마치 1,290을 기록했고, 당연히 세계 1등을 차지했
다. 그날 공기오염 지수가 고작 305에 불과했던 파키스탄의 라
호르^{Lahore} 정도는 아주 여유 있게 제쳤다.

하지만 더 큰 문제는 그 이후였다. 도시를 둘러싼 슬럼에서
집 없이 지내는 빈민들이 쌀쌀해진 겨울밤을 견디기 위해 닥치

는 대로 불을 피우기 시작하자 도시 전체가 그야말로 '거대한 가스실'로 변모했다. 타이어 태우는 냄새, 건축 폐자재 태우는 냄새, 낙엽 태우는 냄새 등이 뒤섞여 밤새 온 도시를 이불처럼 덮어버리는 것이었다.

매일 아침 차를 타기 위해 걸어가는 그 짧은 시간 동안에도 용케 마스크를 뚫고 들어오는 매연은 쉽게 익숙해지지 않았다. 사무실로 향해 가는 동안 차창 밖으로는 이렇게 유독한 공기를 밤새 들이마시며 길 위에서 추운 하룻밤을 보냈을 빈민들 모습들이 스쳐 지나갔다. 깨끗한 공기를 마시고, 맑은 물을 마신다는 것이 가장 기본적인 인권일 텐데, 누군가에게는 손에 닿을 수 없는 사치품인 것이다.

2021년 3월

오늘도 아침에 출근하자마자 공기청정기를 켰다. 빨간색이던 공기청정기의 센서가 10분이 지나고 나서야 겨우 초록색으로 바뀌었고, 나는 그제야 마스크를 벗을 수 있었다. 이렇게 나의 모닝 루틴은 어제 퇴근한 이후 사무실에 가득 찬 미세먼지를 제거하는 일부터 시작되는 것이다.

아침부터 좀 후텁지근하다 싶더니 낮 시간이 되자 기온이 빠르게 상승하기 시작했다. 점심시간이 지나고 오후가 되자 바깥 기온이 39℃를 육박한다.

"인도에서는 2월이면 최고기온이 20℃, 3월이면 30℃, 4월이면 40℃까지 올라가죠."

언젠가 다른 회사 주재원이 나에게 말해주었던 인도의 여름 이야기였다. 하지만 오늘은 이상하리만큼 덥고 공기가 탁했다. 아니나 다를까, 사무실 창밖이 어느새 뿌옇게 변하더니 오후 3시라고는 믿기 어렵게 어두워졌다. 모래폭풍이 뉴델리에 들이닥친 것이다. 겨울에 북서부의 사막 지역인 라자스탄에서 생긴 모래먼지가 가끔 뉴델리를 덮치기는 한다고 들었는데, 겨울도 다 끝난 3월 말에 모래폭풍이라니…

호기심에 핸드폰에 있는 AQI 앱을 켜봤더니 미세먼지 지수가 500을 훌쩍 넘어섰다. AQI 앱에 있는 지도를 열어보았더니 인도 북부 지역 전체가 모두 짙은 적색으로 변해 있었다. 이번에도 미세먼지 지수 300을 넘어선 중국의 상하이를 제치고 한 번 더 인도가 세계 1등을 차지했다. 인도가 다시 한 번 '인도'한 것이다.

나도 모르게 낮은 한숨이 새나왔다. 세계 최악이라는 인도의 대기오염도 근본 원인을 찾아 들어가면 결국 '빈곤'이다. 일 년 내내 도시 전체에서 크고 작은 건설 공사와 토목 공사가 계속되니 여기서 엄청난 양의 미세먼지가 나올 수밖에 없다. 말하자면, 좀 더 나은 삶을 살기 위해 인도인들이 몸부림치는 동안 공기의 질이 나빠지는 것이다. 먹고살겠다고 부지런히 일터를 오가는 낡은 차들에서 나오는 매연도 적잖이 공기를 오염시킨다.

농촌에서는 더욱 심각하다. 손바닥만한 경작지에 의존하는 빈농들이 대부분을 차지하는 인도의 농업… 척박한 땅에서 내년에도 농사를 지어 자식들을 먹여 살리려면 가을걷이가 끝나고 남아있는 짚과 쓰레기를 태워서 거름을 만들어야 한다. 돈 주고 화학비료를 살 만한 경제적 능력이 없는 농민들에게는 거를 수 없는 연중행사이다. 인도의 주요 곡창지대인 편잡에서 농민들이 논밭을 태우기 시작하고, 거기에다가 북서부의 사막 지대인 라자스탄에서 발원한 모래바람까지 합쳐지면 겨울 동안 뉴델리 2천만 시민을 괴롭히는 죽음의 칵테일이 만들어진다.

나처럼 사무실에서 시원한 에어컨 켜놓고 공기청정기를 마음껏 돌리며 근무하는 사람에게는, 계절에 어울리지 않는 이번과 같은 모래폭풍이 그저 한순간의 흥밋거리에 불과할 것이다. 하지만 날로 뜨거워지는 여름으로 인해 물 부족과 가뭄 피해를 입어 일 년에도 수만 명씩 자기 스스로 생을 마감하는 비참한 인도의 빈농들에게는 이번과 같은 모래폭풍이 가슴 서늘한 사건이었을 것이다. 같은 하늘 아래에서 이렇게도 서로 다른 운명을 살아가고 있다고 생각하니 가슴 한편이 쓸쓸해진다.

국경을 넘자
마법처럼 사라진 풍력발전기들 ——————

내가 파리 지사에서 근무하던 2015년경. 슬로바키아 북서부에 있는 질리나^{Zilina}라는 산업도시에 출장을 가야 할 일이 생겼다. 파리가 유럽 항공교통의 중심이긴 해도 인구가 8만 명 밖에 안 되는 작은 도시로 가는 직항편은 없었다. 아무리 비행기 예약 사이트를 뒤져도 왕복 항공료가 무려 2,000유로가 넘는 오스트리아 비엔나 경유 2박 3일 또는 3박 4일 일정 이외에는 불가능했다.

사무실을 너무 오래 비우기도 곤란해서 한참을 고민하다가 면담이 약속된 고객기업에게 물었더니 육상교통을 이용하면 오히려 싸고, 시간도 절약할 수 있단다. 비엔나까지만 비행기를 타고 온 후에 거기에서 질리나까지는 택시를 타고 오란다. 금액도 왕복 300유로에 영수증까지도 정확하게 발행된다는 것이다. 일석이조였다. 회사의 출장 경비도 절약하고, 출장 일정도 1박 2일로 줄이는 데 성공했다.

비엔나 공항에서 나를 태운 택시가 도심을 조금 벗어나자 눈앞에 풍력발전기가 하나둘씩 나타나기 시작했다. 무료함도 달 랠 겸 개수를 헤아리기 시작하는데, 어느새 나의 시선이 닿는 모든 곳을 풍력발전기가 가득 채우기 시작했다. 끝도 없이 펼 쳐진 풍력발전기의 행렬… 조금 과장을 보태면 지평선 끝까지 풍력발전기가 가득찬 듯했다. 나는 220개까지 세다가 눈이 아 파서 중간에 포기했다. 석유나 천연가스도 아니고, 오염이 더 심한 석탄은 더욱더 아닌 인류에게 주어진 최고의 무공해 에너 지인 풍력을 참으로 알뜰하게도 활용하고 있는 오스트리아의 모습이 인상적이다 못해 충격적이기까지 했다.

빈에서 출발한 차는 고속도로 A6를 달린 지 불과 40여 분 만 에 오스트리아와 슬로바키아의 국경에 도착했다. 그동안 우리 차는 말 그대로 '풍력발전기의 숲'을 헤치고 왔다.

그런데 차가 슬로바키아 영토에 진입하자 내 눈앞의 광경은 마술처럼 바뀌었다. 그 많던 풍력발전기는 감쪽같이 모두 사라 지고, 띄엄띄엄 보이는 인가와 공장 그리고 밋밋한 구릉지대만 이어지는 것이었다.

이쯤 되니 운전기사(슬로바키아 사람이었다)에게 안 물어볼 수 없 었다.

"오스트리아에는 풍력발전기가 많던데 당신 나라에는 왜 없 나요?"

운전기사는 어깨를 으쓱하더니 대수롭지 않게 답했다.

"우리에겐 석탄이 잔뜩 있는데 뭐가 걱정이에요?"

싸고 구하기도 편한 석탄이 풍부하게 있는데 골치 아프게 왜 풍력발전처럼 비싸고, 효율 낮고, 바람이 안 불면 전기도 못 만드는 그런 불편한 발전 방식을 굳이 도입하냐는 논리인 거다. 좀 더 단순화하자면 '값만 싸면 장땡이지, 환경이 알게 뭐냐'는 이야기였다.

아니나 다를까, 산업도시인 질리나에 도착해 차에서 내리는 순간, 도시 전체를 휘감은 매캐하고 텁텁한 매연이 코를 찔렀다. 그 순간 내가 '빈자의 나라'에 도착했다는 실감이 들었다.

빈부의 격차는 단순히 누가 돈을 많이 버느냐 적게 버느냐의 차원보다 훨씬 더 깊숙하게 우리의 삶에 영향을 미친다. 더 좋은 차를 타고 더 넓은 집에서 사는 것 이외에도, 더 안전하고 성숙된 사회와 인프라의 도움을 받아 더 깨끗한 자연을 즐기며, 병들지 않고 장수하는 것… 그것이 '빈부의 격차'를 뛰어넘는 '삶의 질의 격차'인 것이다.

하지만 '빈자의 나라' 국민들에게는 '부자의 나라' 국민들이 고민하는 '기후변화', '인권', '성 평등'과 같은 배부른 걱정을 할 여유가 없다. '삶의 질'과 관련된 그런 가치들이 소중하다는 것은 가난한 사람들도 어렴풋이나마 안다. 하지만 당장 오늘 돈을 벌어서 하루 먹거리를 마련해야 한다. 지금 발전소 굴뚝에서 뿜어져 나오는 매연을 걱정할 마음의 여유가 없다는 것이다.

슬로바키아 같은 나라도 그런 지경인데, 인도는 오죽하겠는 가? 오늘 하루 벌이가 없으면 지금 집안에서 아빠를 목 빠지게 기다리는 대여섯 명의 자식과 늙은 부모님이 오늘 저녁을 굶어야 한다. 냉엄하고 무서운 현실이다.

일 년 내내 뉴델리 전체를 뒤덮는 매연이 시원하게 내리는 빗줄기에 잠시 씻겨 나가면서 정말 오랜만에 미세먼지 지수가 100 미만으로 내려갔다. 창문을 열고 빗줄기가 발코니를 때리는 경쾌한 소리를 듣고 있다가 문득 이런 생각이 들었다.

'인구가 14억 명이나 되는 이 나라가 좀 더 경제성장을 이뤄서 사람들이 더 많은 자동차를 사고, 집집마다 에어컨을 설치하고, 더 많은 공장을 짓고, 더 많은 오염물질을 배출한다면…'

생각만 해도 아찔하다. 그렇다고 '지구의 환경이 중요하니 너희들은 계속 가난하게 살아라'라고 할 수도 없다. 경제성장과 환경보전의 균형이 가장 시급하게 이뤄져야 할 곳은 바로 인도와 같은 나라가 아닐까 하는 생각을 해보았다.

마트에서 240만원을 떠억 하니
현금으로 내는 당신은? ⟶

오후에 반찬거리를 사러 시내에 있는 마트에 잠시 들렀던 아내가 퇴근한 나를 쳐다보고서는 뜬금없이 말을 꺼냈다.

"2만3천 루피면 한국 돈으로 도대체 얼마인 거야?"

인도 루피화와 한국 원화 환율을 모르지 않을 텐데 왜 그러나 싶어서 자초지종을 들어봤다.

아내가 마트에서 이것저것 물건을 집어서 계산대에 섰는데, 자기 바로 앞에 서 있던 보기에도 귀티가 좔좔 흐르는 인도 현지인 아주머니 한 분이 무려 2만3천 루피 어치를 샀더라는 거였다. 우리 돈으로 대충 환산해도 40만원이 넘는 돈을, 명품 가게도 아니고 백화점도 아닌 수입품 마트에서 계산하더라는 거였다.

화룡점정은 그 다음이었다. 카드도 아니고, 인도 현지인들이 애용하는 '페이티엠PayTM'이라 불리는 wireless payment 앱도 아닌, 고무줄로 동여맨 두툼한 (액면가 500루피짜리) 현금다발을 고급 핸드백에서 꺼내서는 사십 몇 장을 꼼꼼하게 세어서 계산하는 직원에게 척하니 넘겨줬다는 것이다.

최근 몇 년 사이에 인도, 그 중에서도 특히 뉴델리의 물가가 갑작스럽게 많이 오르기는 했다지만, 2만3천 루피면 웬만한 집의 운전기사가 한 달을 열심히 일해야만 벌 수 있는 월급에 거의 육박하는 금액이다. 하루에 8시간씩 빨래하고 밥하고 집안을 열심히 청소해주는 가사도우미들은 한 달을 일해도 만져보지 못하는 금액이다.

인도의 1인당 GDP는 약 2,000달러로 한국의 15분의 1에 불과하다. 뉴델리 지역만 떼어놓고 본다면야 1인당 GDP가 5,000달러까지 올라간다지만, 그래봤자 한국의 6분의 1에 불과하다. 다시 말해서 인도 물가를 감안한 금액으로 환산하면 40만원의 여섯 배인 240만원이라는 거다. 인도의 물가 수준을 감안하면 한국에서도 한 번에 지출하기 어려운 240만원에 가까운 금액을 외국에서 수입한 간식거리와 고급 향신료, 음식재료를 사는데 고민 없이 쓰는 사람을 눈앞에서 직접 보고 온 아내는 꽤나 놀라워했다.

"나는 애들 줄 간식거리에 몇 천 루피 쓰면서도 손이 선뜻 나가지 않는데, 인도에는 정말 부자가 많나 봐."

인도의 어두운 면을 정의할 수 있는 여러 개의 단어가 있을 수 있다. 가난, 빈부격차, 부패, 질병, 낮은 여성의 지위, 종교적 후진성 등등… 하지만 아내가 마트에서 목격한 그 장면 하나에는 인도가 가진 최소한 2가지의 부정적 단면, 즉 엄청난 빈부격차와 부패의 문제가 고스란히 담겨 있었다.

사용기록이 남을 수 있는 카드나 모바일 앱을 사용하지 않고 현금을 사용하는 방식은 부패한 자금을 들키지 않고 사용하는 매우 고전적인 방법이다. 얼마 전에 개봉되어 인기를 끌었던 넷플릭스의 〈화이트 타이거〉에서도 인도의 사업가들이 정치인들에게 빳빳한 지폐뭉치가 담긴 '돈가방'을 전달해주는 장면이 고스란히 들어 있을 정도이다. 그 부티나는 아줌마가 각종 신용카드와 wireless payment 앱이 우리나라만큼이나 발달한 뉴델리 한복판에서 굳이 빳빳한 현금뭉치로 돈을 낸 이유가 무엇이겠는가?

이처럼 부자들은 부패를 감추기 위해 현금을 사용한다지만, 가난한 인도인들의 현금 사랑은 이유가 많이 다르다. 대도시에서 조금만 벗어나도 금세 21세기에서 17세기로 바뀌어버리는 사회 환경 때문에 은행 지점은 고사하고 ATM 기기 하나 찾기 어려운 게 인도 농촌의 현실이다. 나렌드라 모디 총리가 집권한 이후 꾸준하게 농어촌 주민들의 금융 접근성 제고를 위해 노력하고 있다지만, 아직도 인도 성인 10명 가운데 2명 정도는 은행 계좌를 아예 가지고 있지 않거나, 1년에 한 번 이용할까 말까하다는 통계가 있다.

하루 벌어 하루 먹고 살아가는 인도 농촌의 일용직 노동자에게는 10여 km를 걸어가야만 찾을 수 있는 은행 지점에 돈을 맡겼다가 찾으니 그냥 자기 침대 밑에 넣어두는 게 더 유용할 것이다. 현금을 보유하는 게 좋아서가 아니라 현금을 은행에 맡기고 싶어도 맡길 여력이 안 되기 때문에 금융기관을 찾지 못하는 경우가 부지기수인 거다. 은행 한 번 걸어서 갔다 오면 하루가 꼬박 날아갈 텐데, 그 시간에 들판에 나가서 이삭이라도 주워야 식구들이 굶지 않는 것이다.

2016년 11월 8일 밤, 모디 총리가 예정에 없던 생방송 기자회견을 열고는 "오늘 자정부터 500루피와 1,000루피의 사용을 금지합니다. 500루피와 1,000루피 지폐를 가지고 있는 사람들은 연말까지 근처 은행에 가서 바꾸세요. 그리고 1인당 환전할 수 있는 한도가 있어요"라고 깜짝 발표를 해버렸다. 워낙에 고액권을 활용한 뇌물 수수가 기승을 부리다 보니 정상국가에서는 상상할 수 없는 극단적인 방법을 동원한 것이었다.

하지만 이러한 전격 작전이 발표되기 2주 전에 인도 내 판매부수 2위인 힌디어 신문에서 이미 500루피와 1,000루피 지폐의 사용 중단이 선언될 수 있다는 루머가 보도되었고, 실제로 많은 재벌들은 현금으로 보유하고 있던 고액권을 급하게 소액권으로 바꾸었다는 소문이 파다하게 퍼졌다고 한다. 결국 죄 없는 서민들만 화폐 사용중지 조치의 피해를 봤다. 평생을 피땀 흘려 모은 돈을 고액권으로 바꿔서 집안에 잘 모셔놓고 있던 도시 빈민층과 농민들 중에서 상당수는 정부에서 정한 '환전 한도'를 초과하는 옛날 돈을 끝끝내 환전하지 못하고 한순간에 재산이 눈앞에서 날아가 버리는 믿을 수 없는 일을 겪어야 했다.

그나마 재산이 사라지는 건 그나마 나은 편이었다. 아무리 11월이어도 무더위가 기승을 부리는 인도의 날씨에 몇 시간씩 은행 건물 앞에서 뙤약볕을 맞아가며 환전할 차례를 기다리던 사람들, 인파에 밀리고 깔린 사람들, 화병에 목숨을 끊은 사람들까지… 2016년 화폐개혁 조치를 전후하여 100여 명에 달하는 사람들이 목숨을 잃었다. 이때의 사건이 얼마나 충격적이었던지 이 사건을 모티브로 한 인도 영화가 벌써 5편이나 만들어졌다니 할 말 다했다.

사람 목숨을 약 100명이나 희생시킨 화폐개혁 조치가 시행된 지 이제 5년이 넘었다. 인도의 부패 문제가 조금씩 개선되고 있다고는 하나 아직도 국제투명성기구Transparency International에서 측정한 2020년 기준 부패지수TI Corruption Perception Index는 100점 만점에 40점으로 전 세계 180여 국가 중 86등이다. 가나, 세네갈, 르완다, 세이셸 같은 많은 수의 아프리카 국가들도 인도보다는 점수가 높다. 우리나라 돈으로 240만원이나 되는 돈을 단번에 현금으로 지불하는 인도 부잣집 아주머니가 버젓이 존재하는 한 인도에서 부패와의 싸움이 갈 길은 한참 먼 길이 될 수밖에 없을 것이다.

코로나 사태가 일깨워준
── 인도의 화장 문화

2021년 5월의 어느 일요일 아침, 베란다 물청소를 마친 아내가 무심한 듯 이야기했다.

"베란다에 재가 쌓인 거 같애."

밤새 이리저리 부는 바람에 흩날리다가 우리집 베란다의 한쪽 구석에 곱게 쌓인 회색의 가루들… 하루가 멀다 하고 삼사백 명의 코로나 환자가 사망하는 인도 뉴델리에 살고 있다는 사실을 단번에 실감하는 순간이었다.

일주일 전에 뉴델리 거주 한국인들이 만든 '밴드'에 '베란다에 재가 떨어져 있는 것 같다'는 글이 처음 올라왔을 때에도 나는 무심히 지나쳤었다. 인도라는 나라 자체가 화장을 치르는 힌두교의 나라라는 것, 그리고 뉴델리 인근의 인구가 2천만 명이 넘는다는 것도 이미 알고 있었다.

하지만 막상 이 큰 도시에서 얼마나 많은 사람들이 세상을 떠나고, 얼마나 많은 화장이 치러지며, 얼마나 많은 잿가루가 날리는지에 대해서는 깊이 생각하지 않고 있었다. 그런데 코로나 때문에 이 모든 것을 새삼스레 깨닫게 되었다.

소위 '문명세계'(아니면 서구화된 사회라고 불러야 할까)에 살고 있는 우리 같은 사람들은 죽음이 마치 삶과 단절된 것인 냥 잊고 살아간다. 산 자의 공간과 죽은 자의 공간도 철저하게 나뉘어 있으며, 산 자들은 죽은 자가 마지막 숨을 내뱉자마자 염을 하고 입관을 한 후 장례를 치르고 매장을 한다. 죽은 자를 재빠르고 효율적으로 산 자의 공간에서 배제시키는 것이다.

실제로 우리나라의 장례식장은 죽은 자는 배제된 산 자들을 위한 자리이다. 문상하기 위해 찾아온 직장 상사, 거래처 구매 담당자, 오랜만에 만난 나보다 잘 나가는 학교 동창들에게 인사를 빼먹어서는 안 되기 때문이다. 온전히 죽은 자를 추모할 시간이 없다. 어찌 보면 장례식장에서는 죽은 자, 즉 병풍 뒤에 홀로 누워 있는 장례식의 주인공이 가장 외로운 사람이다.

인도에서는 대부분의 경우 죽은 자를 입관하지 않는다. 이슬람교도인 경우 율법에 따라 사망한 지 24시간 이내에 매장하는 것이 일반적이지만, 인구의 80%가 넘는 힌두교도의 경우 예외 없이 화장을 선택한다. 서구식 장례 문화에 익숙한 우리에게는 사망한 지 얼마 되지 않은 시신을 입관하지도 않은 상태로, 사방이 훤히 뚫려 있는 노상에서 장작개비 위에 올린 후 몇 시간 동안 불태우는 모습이 야만스러워 보이기도 한다.

실제로 몇 십 년 전까지만 해도 사망한 남편이 화장되는 불구덩이에 자의 반 타의 반으로 미망인을 밀어 넣어 불타 죽게 하는 끔찍한 악습이 공공연히 행해졌고, 화장이 끝난 후에도 두개골이 다 타지 않으면 영혼이 해방되지 못한다 하여 유족들이 망자의 두개골을 두드려 깨는 풍습까지 남아 있었다 하니 두말해서 무엇 하리. 하지만 이들 인도인들의 입장에서는 화장이야 말로 죽어서 쓸모없어진 망자의 육신은 완벽하게 소멸하고 육신 속에 갇혀 있던 영혼이 마침내 자유를 얻어 해방되는, 어찌 보면 한 인간의 인생을 완성하는 신성한 의식인 것이다.

화장이 끝난 후 유족들은 정성스럽게 유골을 수습하여 인근 강가에 뿌린다. 경제적으로 여유 있는 집에서는 장례가 끝나고 브라만 승려들을 불러 잔치를 벌이기도 한다. 죽은 자가 산 자들의 공간을 천천히 그리고 존엄 있게 떠나가는 것이다.

뉴델리 같은 대도시에는 이미 오래 전부터 전기식 화장장이 보급되어 대부분 그곳에서 화장을 치르지만, 코로나 사태로 인해 하루에만도 수백 명씩 사망자가 발생하자 뉴델리 시민들도 결국 주차장이나 공터에서 화장을 하기 시작했다. 24시간 끊이지 않는 화장 때문에 뉴델리 전체를 뒤덮은 매캐하고 텁텁한 잿가루가 우리 집 베란다에도 내려앉아, 죽음을 잊고 있던 우리에게 서늘하게 말을 건넨 것이다.

"메멘토 모리Memento Mori(죽음을 기억하라)!"

너도 언젠가는 죽을 존재라는 것을 잊지 말라고 말이다.

인도 주택가에 출몰하는
다양한 동물들

소: 덩치는 크지만 무섭지 않아요

인도는 동물들의 천국이다. 인구 2천만 명이 사는 대도시인 뉴델리 한복판에서도 사람 눈치 보지 않고 길 위를 의기양양하게 활보하는 크고 작은 동물들을 쉽게 볼 수 있다.

길 위의 제왕은 단연코 소떼들이다. 줄지어 멋지게 행진을 하기도 하고, 통행하는 차 따위는 아랑곳 않고 한껏 여유 있게 대로를 횡단하기도 한다. 일주일에 한두 번 집 근처에 있는 동네 시장에 걸어서 다녀올 때면 어김없이 소떼들을 마주치곤 한다. 아무리 머릿속으로 '유순한 초식 동물'이라 생각하려고 노력해도 막상 바로 옆으로 덩치 큰 소들이 줄지어 지나가면 적잖이 긴장되는 게 솔직한 심정이다.

개: 인도에는 소보다도 개가 더 많은 거 같아요

인도에 소가 많다는 이야기는 많이 들었기 때문에 막상 소떼를 보고는 딱히 놀랍지 않았는데, 입마개나 목줄 없이 길가를 돌아다니는 수많은 개들을 보고는 적잖이 놀랐었다. 인도 지사에 근무했던 전임 직원 중에 개에게 물려 광견병 치료를 받았다는 이야기도 전해 들었던 터라 되도록이면 거리에 돌아다니는 개 근처에는 가지 않으려고 항상 노력 중이다.

주말 아침이면 집 근처 공원을 산책하곤 하는데, 그때마다 동네 개들도 공원에 와서 키 작은 나무숲에 몸을 비벼댄다. 추측하건대 몸에 붙은 벼룩이나 이를 떼어내기 위해서가 아닐까 한다. 늦은 밤, 한 마리가 컹컹거리며 짖기 시작하면 순식간에 온 동네 개들이 따라 짖는 '개들의 합창'이 시작되어 밤잠을 설치기도 한다. 그때마다 얄밉고 화가 나곤 했는데, 저렇게 아침마다 몸을 긁고 있는 녀석들을 보면 "쌤통이다"라는 유치한 생각도 든다.

원숭이: 덩치는 작은데 좀 더 사악한 녀석들

구글에 '인도', '원숭이' 이렇게 두 개의 검색어를 넣어보면 〈세상에 이런 일이〉에나 나올 법한 온갖 해괴한 이야기들이 나온다. 원숭이떼에게 습격당해 추락사한 뉴델리 부시장(2007년 10월), 원숭이에게 끌려가 목숨을 잃은 생후 12개월 된 신생아(2019년 11월), 옥상에서 배드민턴을 치다가 원숭이에게 공격받고 추락사한 여대생(2021년 3월) 등등… 머리가 좋고 성격도 포악한 편이라 사람이 사는 집의 유리창이나 문을 열고 침입해서 음식을 훔

치거나 사람들에게 상처를 주는 일도 종종 있다고 전해 들었다.

우리 가족도 두어 번 그런 원숭이를 목격했다. 우리 집과 이웃한 집의 건물 외벽을 타고 유유히 돌아다니다가 우리 집 안방을 쓰윽 둘러보는 원숭이와 눈이 마주치고는 등골이 서늘해졌었다. '잘 봐뒀다가 다음번에 저 집에 들어가야겠다'라는 원숭이의 다짐이 내 귓가에 들리는 듯했다.

닭둘기, 아니 비둘기

지금 살고 있는 집에 입주한 이후 벌써 몇 차례나 아내의 간을 떨어지게 만든 녀석들은 다름 아닌 비둘기들이다. 보통 두 마리가 짝을 지어 날아다니는데 어찌 된 일인지 비둘기들은 주로 안방 베란다에만 출몰한다. 거기엔 세탁기가 설치되어 있는데, 세탁을 하러 베란다에 나간 아내를 혼비백산하게 만들곤 한다. 아이들은 비둘기들을 '닭둘기', 또는 '엄마 친구'라고 부르며 낄낄거렸지만 아내는 비둘기가 정말 싫은 것 같다. 푸드덕거리며 날아올라 바로 옆집 담장에 내려앉고서는 슬금슬금 사람 눈치를 본다. 다시 우리 집으로 날아올 기회를 호시탐탐 노리는 비둘기의 뒤통수를 향해 아내는 "어우, 진짜 싫어! 정말 싫어…"를 목청껏 외치곤 한다. 그 녀석들은 인도 비둘기라서 한국말을 알아들을 리도 없는데 말이다.

이 녀석들이 집을 지으려고 물어다 놓은 나뭇가지들, 그리고 베란다 난간에 허옇게 싸놓은 비둘기똥 역시 아내의 치를 떨게 만든다. 몇몇 한국 가정들은 비둘기 등쌀을 견디다 못해 베란다 전체를 촘촘한 bird net으로 감싸거나 베란다 난간에 뾰족뾰족한 bird spike를 설치한 경우도 있다고 들었다.

귀엽고 조금은 징그러운 도마뱀

몇 주 전, 사무실에서 일하고 있는데 우리 가족의 단체 카톡방에 아내의 메시지가 떴다. 집에 도마뱀이 출몰했다는 거였다. 얼마나 큰 녀석인가 했더니 겨우 손가락만한 녀석이란다. 동물이라면 종류와 크기에 상관없이 무조건 "어우… 귀엽다"를 외치는 둘째 딸 호지는 쉬는 시간에 카톡 메시지를 발견하고는 "내쫓지 말고 우리가 데리고 살면 안 돼?"라며 간절한 메시지를 남겼다. 아내는 가뿐하게 그 메시지를 '읽씹'했다.

퇴근하고 집에 돌아갈 때까지 도마뱀은 따뜻한 햇볕을 받으며 창문 틈에서 꼼짝 않고 자리를 차지하고 있었고, 결국 내가 도마뱀을 잡아서 집 밖으로 내보냈다. 오후 내내 따뜻한 봄 햇살을 받아 달궈진 대리석 위에서 조금 더 몸을 덥힌 도마뱀은 유유히 자기 갈 길을 갔다.

"어우, 이제는 파충류까지… 진짜 싫어! 정말 싫어!"

아내가 또 한마디 했다. 그 녀석도 한국말은 못 알아들을 텐데 말이다.

바퀴벌레와 모기

아주 작은 사건만으로도 내가 다른 문화권에 와 있다는 사실을 실감하게 되기도 한다. 이삿짐이 들어오던 날, 우리 이삿짐에서 어른 엄지손가락만한 바퀴벌레 한 마리가 튀어나왔다. 짐을 나르던 이사업체 직원들은 바퀴벌레를 잡을 생각을 안 하고 신발로 슥슥 밀어서 현관문 밖으로 내보냈다. 작은 생명도 함부로 죽이지 않는 나라에 온 것이 실감 나는 순간이었다.

그 이후로도 잊을 만하면 바퀴벌레가 마치 "까꿍… 그동안 나 잊고 있었어?"라고 말이라도 하듯이 우리 집에 등장해서 가족들을 놀라게 한다. 물론 우리 가족에게 인도 사람들과 같은 자비는 없다. 바퀴벌레가 익사할 정도로 해충 제거제를 뿌려서 죽인다. 마치 지금 이 녀석을 죽이면 다시는 바퀴벌레가 우리 집에 출몰하지 않으리라는 듯이 말이다.

아무래도 제일 골치 아픈 존재는 오히려 가장 몸집이 작은 녀석, 바로 모기이다. 모기가 옮기는 가장 무서운 질병은 말라리아인데, 기후적인 특성상 우리 가족이 사는 뉴델리에서 멀리 떨어진 인도의 동북부에서 주로 발병한다. 하지만 뎅기열은 뉴델리를 포함한 인도 전역에서 골고루 발생한다. 누구는 독감 정도로 앓고 지나간다지만, 누구에게는 생명을 위협하기도 하는 질병이다.

뎅기열 모기는 주로 낮에만 활동하고, 몸집이 크고 무겁기 때문에 낮게만 날아다녀서 구별이 쉽다던데 인도에 온 지 2년 가까이 된 우리 가족들에게 모기를 구별할 그런 안목은 아직도 생기지 않았다. 한국에서였다면 모기 한 마리 정도는 무심히 지나쳤을 것이다. 하지만 뎅기열 모기와 일반 모기를 구별할 능력이 없는 우리 가족들은 그 한 마리를 잡을 때까지 끝까지 쫓아다닌다.

동물의 몸집과 위험도는 반비례한다

인도 주택가에 자주 출몰하는 동물 이야기를 쓰다 보니 문득 가장 위험한 것은 오히려 가장 작은 것 또는 아예 우리 눈에 보이지 않는 것일 수도 있겠다는 생각이 들었다. 겉으로 보기에 위압적인 소들은 굼뜨고 느린 행동으로 교통체증을 일으키는 것 이외에 딱히 인간 생활을 불편하게 만드는 게 없는 대신, 작고 날쌘 원숭이들과 눈에 잘 보이지도 않는 모기들이 인간의 건강을 위협하고 있다.

게다가 인간의 눈에 보이지도 않는 코로나19 바이러스가 2년 가까이 인류 전체를 꽁꽁 묶어놓은 걸 보면 '동물의 몸집과 위험도는 반비례한다'는 나의 어설픈 가설이 더욱더 설득력을 얻는 것 같다.

어젯밤에도 밤새 동네 개들은 컹컹거렸고, 모기는 왱왱거렸다. 아침이 되자 집에서 몇 발짝 떨어지지 않은 쓰레기 하치장에 먹을거리를 찾는 소떼들은 다시 모여들었다. 비둘기들은 열심히 똥을 싸고 있을 테고, 원숭이들은 이 모든 걸 몰래 숨어서 지켜보고 있으리라. 동물과 인간이 공존하는 인도에서의 하루는 이렇게 다시 시작되었다.

p/s. 개미 이야기를 빼먹을 뻔했다. 지난여름 장마가 끝난 어느 날 아침, 작고 붉은 개미가 일렬로 거실을 행진하는 것을 보고 우리 가족들은 신기함(나), 귀여움(우리 딸들), 경악(아내)을 동시에 체험했다. 이 녀석들 또한 아내가 한걸음에 약국에 달려가서 구입한 성능 좋은 해충 퇴치제를 피하지 못했다.

불행 중 다행으로 우리 집에 흰개미는 나타나지 않았다. 주재원들 사이에서 들은 소문에 따르면 흰개미가 나타나면 그 날로 '상황 끝'이란다. 목재로 된 모든 가구와 구조물이 남아나지 않는다고 한다. 제발 우리가 인도에 머무는 동안 흰개미만은 나타나지 않기를…

하필 이 시기에 인도에

나라를 옮겨 다니며 일합니다 – 해외 주재원 생생 라이프

지은이 김기상
펴낸이 박영발
펴낸곳 W미디어
등록 제2005-000030호
1쇄 발행 2022년 1월 5일
주소 서울 양천구 목동서로 77 현대월드타워 1905호
전화 02-6678-0708
e-메일 wmedia@naver.com

ISBN 979-11-89172-38-1 03300

값 14,000원